Andrea Grünhagen

# Sonntag

Impulse für das Kirchenjahr

Edition Ruprecht

Inh. Dr. Reinhilde Ruprecht e.K.

Mit Gebetstexten von Gert Kelter. Für die Umschlagabbildung wurde ein Foto des Pelikan-Fensters der Heilig-Geist-Kirche in Görlitz verwendet, © Diedrich Vorberg 2018.

Die Deutsche Nationalbibliothek verzeichnet diese Publikation in der Deutschen Nationalbibliografie; detaillierte Daten sind im Internet über http://dnb.ddb.de abrufbar. Eine eBook-Ausgabe ist erhältlich unter DOI 10.2364/3846903087.



Lektorat und Satz: Sarah Weisheit
Layout: mm interaktiv, Dortmund
Umschlaggestaltung: Aarun Edgar Gill
Druck: Digital Print Group GmbH

ISBN: 978-3-8469-0307-0 (Print), 978-3-8469-0308-7 (eBook)

# Inhaltsverzeichnis

# Vorwort

Gebrauchsanweisungen, Beipackzettel und Vorworte haben etwas gemeinsam: sie werden selten gelesen. Dieses Vorwort ist sowohl Gebrauchsanweisung als auch Beipackzettel, deshalb freue ich mich über alle, die bis hierher schon mal gekommen sind.

Beipackzettel beginnen immer mit der Frage, was das Medikament eigentlich ist, das man da gerade in der Hand hält. Was dieses Buch ist? Jemand sagte mir einmal: „Wenn ich lese, was du geschrieben hast, dann ist es, als ob du bei mir auf dem Sofa sitzt und mir was erzählst." Genauso möchte ich dieses Buch verstanden wissen, nämlich als einen Besuch, bei dem wir nebeneinandersitzen und hören, was einzelne Worte der Bibel uns sagen. Dass einige Texte (auch dieses Vorwort) mit einer Frage oder einer Anregung enden, ist deshalb kein Zufall.

Die nächste Frage auf dem Beipackzettel handelt immer vom Aussehen des Produkts. Dies ist bei einer Tablette recht vorhersehbar, bei Büchern ist das anders. Wahrscheinlich stellt Sie schon das Cover vor ein Rätsel. Dass man etwas länger hinschauen und nachdenken muss, ist beabsichtigt. Wer das tut, erkennt einen Pelikan. Der Pelikan ist ein altes Symbol für Christus, weil er der Legende nach in Notzeiten seine Jungen mit seinem eigenen Blut füttert. Im Buch sind dann einige Seiten in den Farben des Kirchenjahres gestaltet. Das Geschriebene soll ein Miterleben des Kirchenjahres ermöglichen oder verstärken.

Es schließt sich die Frage an, für wen das Buch gedacht ist. Ehrlich gesagt hatte ich sehr verschiedene Menschen vor Augen bei dieser Idee: einen Jugendlichen, der es aus feiertechnischen Gründen nicht in den Gottesdienst geschafft hat, aber halbwach und ein Brötchen kauend versucht, in einem Andachtsbuch zu lesen. Einen Flugbegleiter, der am Pool in der Karibik den Sonntag heiligen möchte und etwas Geeignetes braucht, das er als eBook mitnehmen kann. Das alte Ehepaar, das zu den Kindern gezogen ist und dort keine Gemeinde in erreichbarer Nähe findet und den lutherischen Gottesdienst vermisst. Eine Mutter mit ihrem kranken Kleinkind, oder auch kranke Erwachsene und Gebrechliche, die allein zu Hause sind. Die Familie, für die eine gemeinsame Andacht im stressigen Alltag an den Werktagen nicht machbar ist, die aber für den Sonntag nach einem Impuls sucht. Der Mann, der seinen Glauben allein lebt, weil in seiner Familie sonst niemand Christ ist. Die Jugendgruppe, die aus diesem Buch vorgelesen bekommt (oder der Frauenkreis, der Kirchenvorstand oder die kleine Gemeinde, die sich zu einer Wochenschlussandacht versammelt), und die vielleicht auch die am Ende des Buchs abgedruckten Gebete nutzen: Zu allen diesen Menschen möchte ich mich setzen, damit Gottes Wort sie ermutigt und tröstet und sie spüren, dass sie Teil der großen christlichen Gemeinschaft sind.

Um zur nächsten Frage des Beipackzettels etwas zu sagen: Die Wirkung dürfte wohl sehr unterschiedlich ausfallen. Meine Hoffnung ist, dass Menschen eine Bereicherung erfahren. Das Kirchenjahr mit seinen unterschiedlich geprägten Zeiten ist ein großer Schatz. Da ist alles drin, was man zum Christenleben braucht. Auch der Sonntag ist ein Schatz. Selbst vielen regelmäßigen Kirchgängern ist gar nicht bewusst, dass jeder Sonn- und Feiertag ein spezielles Thema hat. Dieses Buch kann eine Hilfe sein, dem einmal nachzusinnen. Damit der Glaube vom Kopf ins Herz rutscht und auch Hand und Fuß bekommt ist es wichtig, dass unsere Sinne etwas zu hören, zu sehen, zu schmecken, zu riechen, zu fühlen bekommen. Die lutherische Tradition ist so reich an Gestaltungsmöglichkeiten des Kirchenjahres, da gibt es viel zu entdecken. Und vielleicht kann so ein Sonntagsbuch ja ein erster kleiner Schritt sein, den Sonntag zu einem besonderen Tag zu machen.

Wenn man sich zu den Menschen setzt und ihnen etwas von seinem Glauben erzählt, dann ist das natürlich auch ein Risiko. Ähnlich ist es auch mit dem Beten. In diesem Buch – Sie erkennen die Seiten an den farbigen Balken – steht vor jedem Feiertag und vor jeder Kirchenjahreszeit ein Gebet und am Ende Gebete für Einzelne und Gruppen. Formuliert hat diese und einige andere in den Texten zitierte Gebete Propst Gert Kelter, dem ich dafür an dieser Stelle herzlich danke. Uns ist das Risiko bewusst, das darin liegen kann, ein kleines Stück persönlichen Glaubens und Betens für andere sichtbar werden zu lassen. Trotzdem wagen wir es.

Und da wir ja schon bei den Risiken und Nebenwirkungen sind, sei erwähnt, dass auch dieses Buch solche hat. Unter Umständen müssen Sie mit einer Horizonterweiterung rechnen. Vielleicht haben Sie nämlich vom einen oder anderen Feiertag oder Gedenktag noch nie etwas gehört, geschweige ihn gottesdienstlich begangen. An der geistlich-liturgischen Verarmung, die in manchen Gemeinden in dieser Hinsicht herrscht, sind Sie nicht schuld. Mir persönlich sind gerade die Gedenktage wichtig, weil sie die Erinnerung wachhalten, dass die Geschichte der Kirche größer ist als die einer Einzelgemeinde oder eines Christen. Die „Wolke der Zeugen" (Hebräer 12,1) ist durchaus eine Realität, die wir nicht vergessen sollten.

Als weitere Nebenwirkung sei erwähnt, dass dieses Buch ein lutherisches ist. Das lutherische Schriftverständnis, das lutherische Bekenntnis, der lutherische Gottesdienst und die Geschichte der lutherischen Kirche stehen hinter dem, was ich geschrieben habe. Man könnte also beim Lesen auf lutherische Gedanken kommen.

Damit sind wir am Ende des Beipackzettels. Ich wünsche Ihnen einen gesegneten Gebrauch und viel Freude mit diesem Buch. Am Schluss bleibt der Dank an viele freundliche Menschen aus Kirche und Mission, die mich durch Anregungen, praktische und finanzielle Unterstützung, Vorbestellungen und Ermutigungen unterstützt haben und so zur Begleitung und Verwirklichung dieses Buchprojektes beitrugen. Am Schluss? Weil in diesem Buch viele einzelne Liedverse abgedruckt sind, nach diesem Vorwort ein ganzes Lied, zum ganzen Kirchenjahr. So heißt es auch und ist 1938 von Jochen Klepper veröffentlicht worden. Wenn Sie mögen, lesen oder singen Sie es schon einmal, als Vorgeschmack auf dieses Buch.

Hannover, am Tag des Erzengels Michael 2018
Andrea Grünhagen

Du bist als Stern uns aufgegangen,
von Anfang an als Glanz genaht.
Und wir, von Dunkelheit umfangen,
erblicken plötzlich einen Pfad.
Dem Schein, der aus den Wolken brach,
gingen wir sehnend nach.

Am Ende unserer weiten Fahrten
gabst du uns in dem Stalle Rast.
Was Stroh und Krippe offenbarten,
ward voll Erstaunen nur erfasst.
Die Zeichen blieben nicht mehr Bild,
Verheißung war erfüllt.

Und über Stall und Stern und Hirten
wuchs Golgatha, dein Berg, empor.
Nah vor den Augen der Verirrten
trat aus der Nacht dein Kreuz hervor.
Dort neigtest du für uns dein Haupt.
Da haben wir geglaubt.

Vor deines Felsengrabes Höhlung
ward hart und schwer ein Stein gestemmt.
Am Morgen kamen wir zur Ölung
und fanden nur dein Totenhemd.
Kein Fels hat deinen Weg gewehrt.
Wir folgten, Herr, bekehrt.

In deines Herzens offene Wunde
hast selbst du unsere Hand gelegt,
uns bis zu deiner Abschiedsstunde
mit Brot und Wein bei dir gehegt.
Die Wolke, die dich aufwärts nahm,
trug uns aus Angst und Scham.

Als eine Taube, lichtumflossen,
hast du dich sanft herabgesenkt,
uns mit dem Feuerglanz begossen
und die Verlassenen beschenkt.
Denn weil der Himmel offensteht,
gabst du uns das Gebet.

Durch Stern und Krippe, Kreuz und Taube,
durch Fels und Wolke, Brot und Wein
dringt unaufhörlich unser Glaube
nur tiefer in dein Wort hinein.
Kein Jahr vor unserer Zeit verflieht,
das dich nicht kommen sieht.

## 11. November – Martinstag (Bischof Martin von Tours)

# Der Heilige der Nächstenliebe

Wann fängt die Adventszeit an? Merkwürdige Frage, schließlich ist uns in den letzten Jahren doch mit einigem Aufwand beigebracht worden: Advent ist im Dezember.

Man könnte aber auch mit vollem Recht und im Einklang mit der kirchlichen Tradition, besonders der der orthodoxen Kirchen des Ostens, sagen: Advent beginnt mit St. Martin. Denn der Martinstag am 11. November galt und gilt als der Auftakt der Vorbereitungszeit vor Weihnachten, die auf diese Weise 40 Tage lang ist, wie die Fastenzeit vor Ostern. Und als Fastenzeit wurden diese 7 Wochen auch begangen, davor aß man sich zu Ehren des heiligen Martin noch einmal richtig satt, bevorzugt an einem schönen Gänsebraten.

Überhaupt ist der Martinstag ein Tag des Lichtes, der Festfreude und der Barmherzigkeit, denn St. Martin ist der Heilige der Nächstenliebe. Darum sollen an seinem Gedenktag zuerst die Kleinen und Armen beschenkt und erfreut werden. Martinsbrezeln und Weckmänner, Martinsfeuer und Laternen erinnern an einen Mann, in dessen Leben aufleuchtete, was Jesus gesagt hat: „Was ihr getan habt einem von diesen meinen geringsten Brüdern, das habt ihr mir getan." (Matthäus 25, 40)

Martinus hieß ein kleiner Junge, der im Jahr 316 n. Chr. als Sohn eines römischen Militärtribuns in der Provinz Pannonia, dem heutigen Ungarn, geboren wurde und sein Name deutet auf den hin, dem er hätte dienen sollen, dem römischen Kriegsgott Mars. Aber es kam ganz anders. Martin verbrachte seine Kindheit in Pavia in Oberitalien und lernte dort auch Christen kennen. Mit zehn Jahren begann er mit dem Katechumenat, doch bis zu seiner Taufe sollte es noch sehr lange dauern. Mit fünfzehn Jahren wurde Martin zum Militärdienst einberufen und als Sohn eines Offiziers musste er diesem Befehl Folge leisten, obwohl es ihm widerstrebte, die Militärlaufbahn einzuschlagen. Er kam zur Leibwache des Kaisers Konstantin II in Mailand und kämpfte in Gallien und gegen die Germanen. Einmal hat Martin sogar den Versuch gemacht, den Kriegsdienst zu verweigern, aber das ließen seine Vorgesetzten nicht zu. Erst nach der vollen Dienstzeit von 25 Jahren wurde er aus der Armee entlassen. Da war er 40 Jahre alt.

Seinen christlichen Glauben hatte der Soldat wider Willen nie vergessen. Berühmt geworden ist die Geschichte, wie er am Stadttor von Amiens einem frierenden Bettler die Hälfte seines Soldatenmantels schenkte. In der Nacht darauf erscheint ihm Jesus im Traum, bekleidet mit der Mantelhälfte und fordert Martin auf, sich taufen zu lassen.

Wirklich getauft worden ist er dann auch mit 36 Jahren vom Bischof Hilarius von Poitiers. Kaum als Veteran entlassen, machte Martin ernst mit seinem Christentum und beginnt mit der Gründung von Klöstern. Er wird am 4. Juli 372 sogar zum Bischof von Tours geweiht und dabei spielten Gänse der Legende nach eine wichtige Rolle. Martin, der lieber sein Leben als asketischer Mönch verbracht hätte, versteckte sich aus Angst vor der Bischofwahl in einem Gänsestall. Doch die Tiere verrieten ihn durch ihr Geschnatter und so fand er sich plötzlich mit Ring und Bischofsstab wieder. Gestorben ist Martin von Tours im Alter von 81 Jahren am 8. November 397 auf einer Visitationsreise. Der 11. November, sein Gedenktag, ist der Tag seiner Grablegung.

Martin war einer der ersten, wenn nicht sogar der erste, den die Kirche als Heiligen verehrte, obwohl er nicht als Märtyrer für seinen Glauben gestorben ist, sondern diesen Glauben in einem christlichen Leben bewährt hat. Nach ihm hat Martin Luther seinen Vornamen erhalten, weil der Reformator am 11. November getauft wurde. Lutheraner denken deshalb an diesem Tag und am Vorabend auch an Luthers Geburts- und Tauftag.

## 19. November – Tag der Elisabeth von Thüringen

# Die Heilige der Nächstenliebe

Die heilige Elisabeth – sagt Ihnen das was? Kulturell Interessierte werden vielleicht an die Oper Tannhäuser denken, andere an die Wartburg in Thüringen oder daran, dass so manches Krankenhaus nach Elisabeth benannt ist.

Auf den ersten Blick sind es ja oft die Frauen im Dienst der christlichen Barmherzigkeit, die gerne von der Kirche erinnert werden. Das gilt auch von dieser Frau, die mit 24 Jahren schon starb und die bereits bei ihrem Tod als Heilige galt. Elisabeth, Königstochter des Hochmittelalters, verwandt mit Adel und Kirchenfürsten in halb Europa, die sich ganz dem Armutsideal des Franz von Assisi verschrieb und auf all ihren Reichtum und ihre Privilegien verzichtete. Das klingt so glatt und auch in unserer Zeit gut vermittelbar, dass man dagegen einfach nichts haben kann. Aber es ist auch gleichzeitig zu glatt, sodass es der vielschichtigen Persönlichkeit, die Elisabeth von Thüringen war, einfach nicht gerecht wird. Doch von vorne: Elisabeth wurde am 7. Juli 1207 in Ungarn als Tochter des Königs Andreas II und seiner Frau Gertrud von Andechs geboren. Gertrud hatte sieben Geschwister, die alle standesgemäße Ehen eingingen oder kirchliche Karrieren machten. Vor allem muss hier natürlich die heilige Hedwig erwähnt werden, die sowohl Herzogin von Schlesien als auch eine Heilige war. Mehr Karriere ging quasi nicht. Diese Frau war eine Tante von Elisabeth.

Allerdings hat Elisabeth weder ihre illustre Verwandtschaft, noch ihre Eltern und Geschwister wirklich persönlich kennenlernen können, bis auf wenige Ausnahmen, da sie schon als Vierjährige verlobt und der Landgrafenfamilie von Thüringen, ihrer späteren Schwiegerfamilie, zur Erziehung übergeben wurde. Das war nicht unüblich damals. Ihre Kindheit war auch nicht unglücklich. Ursprünglich sollte sie wohl den ältesten Grafensohn Hermann heiraten, doch der starb früh. Aber der nächste Erbe, Ludwig, hatte da bereits schon große Zuneigung zu ihr gefasst und setze es, unmittelbar nachdem er Landgraf geworden war, durch, dass er Elisabeth heiraten konnte. Dabei fehlte der zweite Teil ihrer Mitgift wegen des Todes ihrer Mutter, der eigentlich bei der Eheschließung hätte gezahlt werden müssen. Außerdem war die edle junge Dame schon früh durch intensive Frömmigkeit und einer gewissen Distanz zum standesgemäßen Lebensstil aufgefallen. Ludwig war siebzehn Jahre alt und Elisabeth vierzehn, als sie 1221 in der Georgenkirche in Eisenach getraut wurden. Ein Jahr später gebar Elisabeth den Stammhalter, Hermann, nach weiteren zwei Jahren eine Tochter, Sophie und 1227 noch eine Tochter, Gertrud. Die Ehe zwischen den beiden war überaus glücklich, Ludwig ließ seine Frau, die mittlerweile das Frömmigkeitsideal der Franziskaner für sich entdeckt hatte, gerne gewähren, obwohl sie das zunehmend in Widerspruch zu ihren Pflichten als Landgräfin brachte. Sie beschränkte sich eben nicht darauf, aus sicherer Distanz gelegentlich Almosen zu verteilen, sondern gründete 1226 ein Spital am Fuße der Wartburg, pflegte Kranke, sorgte für Begräbnisse und speiste die Hungernden. Im Hungerwinter 1225/26, als ihr Mann außer Landes war, gab sie den Befehl, die gräflichen Kornspeicher für die Bevölkerung zu öffnen. Elisabeth selbst mochte den höfischen Prunk zunehmend weniger, trug selbstgesponnene Kleider aus rauer Wolle und betrieb kräftezehrende Bußübungen, was ihr Mann allerdings einzuschränken versuchte.

Es hätte so weitergehen können, doch Ludwig brach, ermutigt durch den Kreuzzugsprediger Konrad von Marburg zum Kreuzzug auf und starb an einer Infektion in Italien. Mittlerweise war Konrad Elisabeths Beichtvater geworden und ohne den Schutz ihres Ehemannes eskalierte für Elisabeth die Situation. Sie verließ die Wartburg, lebte zuerst in bitterster Armut in Eisenach und ging dann nach Marburg, wo sie, von dem mittlerweile doch ausgezahlten Erbe, ein weiteres Spital gründete und dort Kranke pflegte und Arme versorgte, immer noch unter dem Einfluss Konrads. Er wollte „eine Heilige zur Heiligkeit" führen, allerdings überlebte Elisabeth diese Askese, die sie sich auch selbst auferlegte, nicht lange. Sie starb am 17. November und wurde zwei Tage später begraben.

Um ihren Leichnam gab es sofort Unruhe, denn viele wollten sich sofort Reliquien sichern und der Kult um diese Reliquien war dann auch nach ihrer schnellen Heiligsprechung immens. Kein Wunder also, dass ihr protestantisch gewordener Nachkomme Philipp von Hessen in der Reformationszeit ihre Gebeine aus dem goldenen Schrein in der Elisabethkirche nahm und sie an einem geheimen Ort beisetzen ließ, was allerdings nicht ganz geklappt zu haben schien, denn es tauchten immer wieder Reliquien auf.

Elisabeth – eine mutige junge Frau voll Widerspruchsgeist, konsequent bis zum Äußerten. Eine starke Frau, die ihren Weg gegangen ist, wie sie es für richtig hielt. Bei aller Hingabe und Fürsorglichkeit beileibe kein naives liebes Mädchen. Ja, die Kirche erinnert weibliche Diakonie gern. Sie sollte dabei nicht vergessen, dass dieser Weg einen Preis hat und dass es Stärke braucht, um ihn zu gehen.

# Apostel Andreas

Einer von den zweien, die Johannes gehört hatten und Jesus nachgefolgt waren, war Andreas, der Bruder des Simon Petrus. Der findet zuerst seinen Bruder Simon und spricht zu ihm: Wir haben den Messias gefunden, das heißt übersetzt: der Gesalbte. Und er führte ihn zu Jesus.

Johannes 1,40–42

Manchmal kann man das Wesentliche über einen Menschen in wenigen Sätzen sagen. Die Gabe des Apostels Andreas ist es, Menschen zu Jesus zu führen. Nicht nur seinen Bruder Petrus bringt er mit Jesus in Kontakt, ähnlich verhält er sich auch bei der Speisung der 5000, als er das Kind, das Brote und Fische dabeihat, zu Jesus bringt (Johannes 6,8) und später, als er die Griechen, die „Jesus gerne sehen wollten" zu ihm führt (Johannes 12,21f). Das also zeichnet Andreas aus.

Wegen der geschilderten Szene trägt dieser Apostel auch den Ehrentitel „der Erstberufene". Wobei der Evangelist Matthäus die Berufung etwas anders schildert. Er erzählt, Jesus habe Petrus und Andreas gemeinsam von ihren Fischernetzen am See Genezareth weg als seine ersten Jünger berufen, gefolgt von einem weiteren Brüderpaar, nämlich Johannes und Jakobus (Matthäus 4,18–22). Im weiteren Verlauf der Geschichte tritt Andreas dann hinter seinen impulsiven Bruder Simon, den Fels, und die „Donnersöhne" Jakobus und Johannes zurück. Aber ist es nicht schön, dass die Kirche im „Erstberufenen" einen ehrt, der eher ein Mann der leisen Töne war, der verbinden, Kontakt herstellen und behutsam auf Jesus hinweisen konnte?

Der Überlieferung nach hat Andreas in Kleinasien und im Gebiet des heutigen Rumäniens und Russlands den christlichen Glauben verkündigt. Er gilt auch als der erste Patriarch von Konstantinopel – und ob das nun historisch ist oder nicht, es hält den Gedanken wach, dass der Papst der Westkirche und der Patriarch der Ostkirche Brüder sind, wie Petrus und Andreas eben. Und in Einmütigkeit gedenken deshalb am 30. November die römisch-katholische, die evangelische, die lutherische, die anglikanische, die russisch-orthodoxe, die armenische, die koptische und die syrisch-orthodoxe Kirche des Apostels Andreas. Denn der soll am 30. November 60 in Patras den Märtyrertod am Schrägkreuz (das darum bis heute Andreaskreuz heißt) gestorben sein.

Da nach altem Brauch spätestens mit dem Andreastag das alte Kirchenjahr endet, verbanden sich früher, als dies noch eine größere Rolle spielte, mit der sogenannten Andreasnacht zahlreiche abergläubische Bräuche, wie wir sie heute aus der Silvesternacht kennen. Doch auch im modernen, deutlich weltlichen, Kontext ist das Gefühl nicht ganz verloren gegangen, dass mit der beginnenden Adventszeit das alte Jahr schon mal an ein gewisses Ende kommt. Der Tag des Apostels Andreas kann uns daran erinnern.

Was der alten Väter Schar
höchster Wunsch und Sehnen war
und was sie geprophezeit,
ist erfüllt in Herrlichkeit.

Heinrich Held

Ewiger Gott, du erfüllst
nicht alle unsere Wünsche,
aber alle deine Verheißungen.
Ich bitte dich für diese Adventszeit
um Orte und Zeiten der Ruhe
und der Besinnung, dass ich
mich einübe in Geduld, Vertrauen
und Hoffnung auf deine
Verheißungen. Hilf mir, in der
Freude auf das Kommen deines
Sohnes zu wachsen. Amen

## 1. Sonntag im Advent

# Gott kommt zu uns

Du, Tochter Zion, freue dich sehr, und du, Tochter Jerusalem, jauchze! Siehe, dein König kommt zu dir, ein Gerechter und ein Helfer, arm und reitet auf einem Esel, auf einem Füllen der Eselin.

Sacharja 9,9

Advent und Weihnachten ist die Zeit der Lieder und Gedichte. Eine Art Gedicht ist auch das Wort des Propheten Sacharja, das für uns an jedem 1. Advent zum Klingen kommt. Die Poesie Israels liebt es, Dinge doppelt auszudrücken. Die Tochter Zion ist die Stadt Jerusalem und der angekündigte König reitet natürlich nur auf einem Esel, nicht auf zweien.

Als Jesus auf einem Esel in die Stadt Jerusalem einzog, dachten seine Jünger an diesen Vers aus dem Alten Testament. „Hosianna", riefen die Menschen damals. Das bedeutet: „Hilf doch!" Mit diesem Ruf wandte man sich an einen König, denn der war ja per se ein Helfer, weil er die Macht dazu hatte. Und Gerechtigkeit gehörte ebenso zu den königlichen Eigenschaften.

Aber hier ist mehr als nur ein irdischer König Israels. Schon das Alte Testament weiß, dass in Wahrheit Jahwe der König Israels ist. Als Jesus nach Jerusalem kommt, erfüllt sich die Sehnsucht des Alten Bundes. Gott selbst kommt in seine Stadt Jerusalem – aber er kommt arm und er erweist sich als Helfer, indem er für das Volk stirbt. Ja noch mehr, seine Gerechtigkeit besteht darin, dass er gerecht macht.

Diese wunderbare Verheißung gilt jetzt, heute, in dieser Adventszeit auch dir! Siehe, dein König kommt zu dir! Er kommt und bringt dich in Ordnung, macht dich gerecht. Er lässt dir Recht widerfahren gegen alle Ungerechtigkeit in dieser Welt. Er ist der Helfer in deiner Hilflosigkeit. Nichts hört er lieber als dein „Hosianna" und er reagiert darauf und ist da und hilft und rettet.

Freue dich! Freue dich sehr! Nicht nur ein bisschen und nicht gezwungenermaßen. Freue dich wie ein Kind, für das die Tür zum Weihnachtszimmer aufgeht, freue dich wie das junge Paar, das sich auf dem Bahnhof endlich am 23. Dezember in die Arme fällt, freue dich wie die Eltern, deren erwachsene Kinder zu Weihnachten nach Hause kommen.

Advent heißt immer auch warten. Das Kind wartet auf seine Geschenke, die verliebten jungen Leute warten aufeinander und so manche Eltern warten so sehnsüchtig auf ihre Kinder, wie die Kinder auf das Heimkommen. Oft müssen wir auch darauf warten, dass Gott kommt und hilft. Manchmal sieht seine Hilfe dann auch ganz anders aus, als wir es wollten.

Jesus ist auf einem Esel in Jerusalem eingezogen. Er wählt meistens den unscheinbaren Weg. Auch, um heute zu uns zu kommen. Aber seine Hilfe kommt! Freue dich sehr!

## 6. Dezember – Nikolaustag (Bischof Nikolaus von Myra)

# Der Heilige der Kinder

In den USA fiel mir einmal ein Bilderbuch in die Hand, dessen Titel ungefähr übersetzt lauten würde: „Der Weihnachtsmann (Santa Claus) will nicht mehr." Darin schildert der Weihnachtsmann dem lieben Gott seine vielfältigen Frusterfahrungen und will zuletzt sogar den Job hinschmeißen. Daraufhin donnert Gott ihn an: „St. Nicholas – du kannst nicht kündigen – du bist ein Heiliger."

Ja, aber wer ist dieser Heilige? Die Sagengestalt des Weihnachtsmannes hat den heiligen Nikolaus in unseren Weltgegenden fast vertrieben. In Russland ist das z.B. anders, da ist in jeder orthodoxen Kirche auf der Ikonenwand die Nikolausikone eine der drei „großen", neben Christus und Maria.

Bei uns in Deutschland hat Nikolaus in der Reformationszeit einen beträchtlichen Bedeutungsverlust erlitten, denn Luther wollte, dass nicht mehr die Figur eines Heiligen die Kinder beschenken sollte, sondern „der liebe heilige Christ". So richtig es ist, alles Gute von Christus und nicht von den Heiligen zu erhalten, auch ist, so wenig ließ sich der Nikolaus ganz verdrängen, übrigens nicht mal bei Familie Luther selbst, wie Einkaufslisten und Rechnungen von damals beweisen.

Und eigentlich hat Nikolaus es auch verdient, dass man sich an ihn erinnert. Er lebte in der ersten Hälfte des 4. Jahrhunderts in Kleinasien, das gehörte damals zum römischen Reich. Man sprach dort zu seiner Zeit griechisch und auch sein Name ist griechisch: nikä ho laos. „Sieg des Volkes" heißt das und schon bald schwang für die Menschen der Zusatz „Sieg des Volkes Gottes" mit, denn zu Lebzeiten des heiligen Nikolaus endeten die Christenverfolgungen, als Kaiser Konstantin an die Macht gekommen war. Nikolaus war Bischof von Myra, das ist heute die Stadt Demre in der Türkei, 100 km südwestlich von Antalya gelegen.

Aufgewachsen als Erbe eines beträchtlichen Vermögens, hätte er sich ein schönes Leben machen können, doch er ging einen anderen Weg, weshalb Nikolaus zusammen mit St. Martin einer der ersten Heiligen ist, die durch ein Leben im Glauben und nicht durch das Martyrium als solche verehrt wurden. Bereits als junger Mann soll er Armen und Bedürftigen heimlich durch Geldgeschenke geholfen haben, einmal der Legende nach drei Mädchen, die andernfalls als Prostituierte verkauft worden wären. Deshalb sind drei goldene Äpfel das Zeichen, woran man ihn bis heute auf Darstellungen erkennt. Nikolaus wurde dann mit 19 Jahren zum Priester geweiht und auf spektakuläre Weise zum Bischof gemacht. Die Gemeinde in Myra brauchte einen neuen Bischof und hatte gebetet, dass Gott ihnen den richtigen zeigen sollte. Wer als erster am kommenden Morgen die Kirche betreten würde, sollte es sein. Und das war dann Nikolaus. Das Volk applaudierte und er wurde geweiht. Ob das historisch so stimmt, weiß man nicht, aber es ist eine schöne Geschichte.

Als Bischof soll Nikolaus weiter den Armen und Kindern geholfen haben, unschuldig Angeklagte und Gefangene befreit und auf wunderbare Weise Schiffe in Seenot gerettet haben. Die großen alten Nikolaikirchen in den Hansestädten zeugen noch heute von der frommen Hoffnung der seefahrenden Kaufleute auf Sankt Niklas, wie die Norddeutschen sagen.

Dass noch heute am Gedenktag des Heiligen am 6. Dezember die Kinder heimlich beschenkt werden, geht auf die Geschichten zurück, in denen Nikolaus unerkannt geholfen hat. Und das große goldene Buch, welches er dabeihat und dass er Kinder nach ihren guten und bösen Taten fragt, ist die alte Erinnerung daran, dass Nikolaus den Unschuldigen zum Recht verhilft und die Kleinen beschützt. Das ist keineswegs schwarze Pädagogik gewesen. Den einzigen, den der echte Nikolaus der Legende nach übrigens jemals geschlagen hat, war der Irrlehrer Arius auf dem Konzil von Nicäa (325 n. Chr.). Diesen hat er aber nicht mit der Rute verhauen (die übrigens keine Rute, sondern ein Bischofsstab ist), sondern ihn geohrfeigt, was Arius durchaus verdient hatte.

Der Heilige starb am 6. Dezember. Seine Gebeine wurden 1087 von italienischen Kaufleuten nach Bari in Italien gebracht. In aller Welt aber denkt man an diesem Tag an den heiligen Nikolaus, der die Kinder und die Armen liebte.

## 2. Sonntag im Advent

# Das zweite Kommen Jesu

Ach dass du den Himmel zerrrissest und führest herab ...

Jesaja 64,1

O Heiland reiß die Himmel auf,
Herab, herab vom Himmel lauf.
Reiß ab vom Himmel Tor und Tür,
reiß ab, wo Schloss und Riegel für.

„... und droben aus dem Himmelstor, sah mit großen Augen das Christkind hervor." Nicht nur in dem Gedicht von Theodor Storm spielt das Himmelstor eine Rolle. Die Szene, wie sich das Himmelstor öffnet und das Christkind auf die Erde herabsteigt, ist immer wieder gemalt worden und in der Adventszeit begegnen uns verschiedenste Versionen davon, mal kindlich fromm, mal ziemlich kitschig.

Aber hinter den oft so süßlichen Bildern steckt noch die Ahnung, Himmel und Erde sind getrennt, das Tor des Paradieses wurde verschlossen und kann nur von innen wieder aufgemacht werden.

Schon das Volk des Alten Bundes hat in der babylonischen Gefangenschaft zu Gott geschrien, er möge den Himmel zerreißen und herabfahren, um ihnen zur Hilfe zu eilen.

Und als die Zeit erfüllt war, hat Gott das getan. Christus hat das Himmelstor geöffnet und ist herabgekommen. Das ist der 1. Advent, die erste Ankunft Gottes.

Es wird aber auch einen 2. Advent geben. Christus wird wiederkommen. Auf dieses zweite Kommen wartet der Dichter des Liedes „O Heiland reiß die Himmel auf", Friedrich von Spee (1591–1635). Aber der Heiland, den er für diese Welt ersehnt vom Himmel, der ist kein niedliches Christkind mit Weihnachtsbaum und Geschenke tragenden Englein. Die Welt des Jesuitenpater Friedrich von Spee ist erschüttert vom Dreißigjährigen Krieg, der Pest und grausamen Hexenprozessen. Mit aller Kraft hat er als Seelsorger versucht, dieser Not etwas entgegen zu setzen.

Aber Friedrich von Spee wusste, dass nur Christus selbst dem allen ein Ende bereiten kann und wird. Adventzeit hat immer eine doppelte Ausrichtung. Dankbarkeit für das Kommen des Herrn und die Erwartung seiner Wiederkunft.

Wenn uns angst und bange wird angesichts von Blutvergießen, Elend und Tod in dieser Welt, dann können auch wir für sie beten: O Heiland, reiß die Himmel auf …

## 3. Sonntag im Advent

# Die Botschaft des Johannes

Tröstet, tröstet mein Volk!, spricht euer Gott. Redet mit Jerusalem freundlich und predigt ihr, dass ihre Knechtschaft ein Ende hat, dass ihre Schuld vergeben ist; denn sie hat die volle Strafe empfangen von der Hand des Herrn für alle ihre Sünden.

Jesaja 40,1f

Eine Gruppe junger Leute hatte sich gemeinsam auf den Weg nach Hause in die Weihnachtsferien gemacht. Ein paar Tage waren es noch bin zum Heiligen Abend. Das Wetter war weit entfernt von jeglicher winterlichen Idylle, dunkel, kalt, Nieselregen. So gut es ging hatten sie sich in das Auto des einen Kommilitonen gezwängt, die lange Fahrt auf der Autobahn war kein Vergnügen. Unaufhörlich erzählte der eine davon, dass er ja noch heute Abend seinen besten Freund wiedertreffen würde, der seit ein paar Monaten an einer anderen Uni studierte und den er richtig vermisst hatte. Zwei andere hingen ihren Gedanken nach. Das Semester lief nicht gut, sie hatten viel Heimweh gehabt. Der vierte im Bunde dachte an seine Freundin, mit der es gerade schwierig war.

Plötzlich meinte der eine: „Leute, heute ist doch Adventsandacht in der Kirche daheim, das schaffen wir vielleicht noch, wollen wir da nicht hingehen?" Nun, die anderen wollten so mehr oder weniger, aber schließlich parkte das Auto beim Glockenläuten vor der Kirche und sie stolperten etwas mitgenommen nebeneinander in eine Kirchenbank.

Und auf einmal: Wärme, Ruhe, am Adventskranz brannten drei Kerzen. Der alte Pastor trat vor die Gemeinde, schlug seine Bibel auf und las: „Tröstet, tröstet mein Volk. Redet freundlich mit Jerusalem und predigt ihr, dass ihre Knechtschaft ein Ende hat ..."

Und für diese vier Studenten war mit einem Mal ihre „Knechtschaft" vorbei. Die Sehnsucht und das Vermissen, das Frieren und Sorgen, der ganze Ärger lösten sich auf in Trost, Nach-Hause-Kommen und Geborgenheit.

Es ist das Wunderbare an Gottes Verheißungen, die wir in der Adventszeit bedenken, dass viele von ihnen eine „Wende ins Helle" ankündigen. Da geht es um Heilung und Befreiung, um Licht in der Finsternis, um den neuen Zweig aus dem abgehauenen Baumstumpf, um den Friedenskönig, den Heiland. So wie Gott sein Volk aus der Gefangenschaft in Babylon befreit hat, als ihre Knechtschaft zu Ende war und ihre Sünde vergeben, hat er die Menschheit aus der Gefangenschaft der Schuld und des Todes herausgeführt. Gottes Trost ist wie sein Wort. Es tut, was es sagt. Es bewirkt, was es ankündigt. Es setzt in Gang, was es verheißt.

Immer wieder haben Glaubende erfahren, dass es eine „Wende ins Helle" auch in ihrem persönlichen Leben gegeben hat. So wie die vier Studenten, deren Widrigkeiten alle Macht verloren, als Gottes Trost sie umfing und er freundlich mit ihnen redete und ihnen predigte, dass ihre Knechtschaft ein Ende hat …

## 4. Sonntag im Advent

# Vorfreude

Freuet euch in dem Herrn allewege, und abermals sage ich: Freuet euch! Eure Güte lasst kund sein allen Menschen! Der Herr ist nahe!

Philipper 4,4f

Kann man sich eigentlich über etwas freuen, das noch gar nicht da ist? Es gibt doch mindestens auch die Erfahrung, dass Vorfreude nicht unbedingt die schönste Freude ist, weil sich in sie ja immer die Angst mischt, dass das Erwartete, Erhoffte, Ersehnte vielleicht doch nicht kommt, mir doch nicht geschenkt wird, doch nicht wahr wird.

Für Kinder macht diese Spannung aus Hoffnung und Befürchtung sogar einen besonderen Reiz an Weihnachten aus: Bekomme ich, was auf dem Wunschzettel steht? Alles? Wirklich genau das, was ich so gern möchte?

Dahinter steckt ja nicht nur eine unverschämte „Wunschzettelmentalität", die den Unterschied zwischen Wunschzettel und Bestellschein vergessen hat. Zum Wünschen und gespannten Vor-Freuen gehört auch eine große Portion Vertrauen und Hoffnung.

So ähnlich meint der Apostel Paulus auch, was er hier schreibt: Freut euch, der Herr ist nahe. Genau genommen hatten weder der Briefschreiber, (Paulus saß gerade im Gefängnis), noch die Briefempfänger (die Gemeinde in Philippi wurde durch Zankereien im Inneren und Bedrängnis von außen belastet) Grund zur Freude. Der Herr war vielleicht nah, aber er war nicht da, um diesen Nöten ein Ende zu bereiten.

Das macht nichts, sagt Paulus. Als Christen können wir uns immer freuen. Das meint das altmodische Wort „allewege". Immer. Erfahrungsgemäß freuen sich allerdings auch Gläubige nicht immer, jedenfalls nicht in dem Sinn, wie man es normal versteht.

Es muss eine andere Art Freude sein. Es geht um dieses Vertrauen und Hoffen. Jemand erzählte mir einmal: „Mensch, wenn ich mit zwanzig schon gewusst hätte, dass ich mit dreißig diesen Job und diese Frau bekommen würde – ich hätte mir zehn Jahre lang nicht solche Sorgen machen müssen." Leider wissen wir das in den alltäglichen Angelegenheiten nicht vorher.

Aber in Bezug auf Gott wissen wir es schon. Es wird gut ausgehen am Ende. Jesus kommt wieder und uns erwartet eine ganze Ewigkeit voll Freude. Und weil das ganz sicher ist, können wir uns jetzt schon mal vorfreuen.

Diese Freude lässt sich auch richtig gut weitergeben. In jeder Adventszeit gibt Gott uns die Gelegenheit, das auszuprobieren. Wie wäre es, wenn Sie jeden Tag bis Weihnachten Ihre „Güte allen Menschen kund sein lassen." Einfach weil Sie sich freuen, dass Jesus gekommen ist und wiederkommen wird. Vermehren Sie die Freude durch ein Geschenk, eine Einladung, eine nötige Hilfe, menschliche Nähe – Sie können das. Der Herr ist nahe!

Gott ist im Fleische: Wer kann
dies Geheimnis verstehen?
Hier ist die Pforte des Lebens nun
offen zu sehen.
Gehet hinein,
eins mit dem Kinde zu sein,
die ihr zum Vater wollt gehen.

Gerhard Tersteegen

Barmherziger Gott und Vater,
ich danke dir, dass du in Christus
Mensch geworden bist – mein
Fleisch und Blut, mein Freund
und Bruder. Ich bitte dich:
Lass Christus geistlich auch in
mir geboren werden. Denn wäre
Christus tausendmal in
Bethlehem geboren und nicht in
mir, so wäre ich verloren. Amen

## Christvesper

# Weihnachten

Er gedenkt an seine Gnade und Treue für das Haus Israel, aller Welt Enden sehen das Heil unsres Gottes.

Psalm 98,3

Weihnachten ist eine internationale Angelegenheit. Augenzwinkernd betrachtet müssten ja schon allein die diversen märchenhaften Gabenbringer ihre eigene UN-Vollversammlung abhalten. Wobei dafür zunächst zu klären ist, ob sie ihr Stimmrecht nach Zuständigkeitsbereichen oder nach Wohnorten wahrnehmen. Der deutsche Weihnachtsmann wohnt bekanntlich „draußen im Walde". Das Christkindel stellt einen süddeutschen Sonderfall dar und wohnt „im Himmel" oder in Nürnberg. Der US-amerikanische Santa Claus wohnt am Nordpol oder vielleicht auch in Finnland, jedenfalls gibt es dort, wo er wohnt, Rentiere. Norwegische Weihnachtswichtel dagegen wohnen auch im Wald …

Und das richtige, das echte Weihnachten, das mit Maria und Joseph und dem Kind – ist das auch international? Zunächst einmal nicht. Gott gedachte an seine Gnade und Treue für das Haus Israel, als er seinen Sohn auf die Erde schickte. „Und du, Bethlehem Efrata, die du klein bist unter den Tausenden in Juda, …" (Micha 5,1). „Siehe, es kommt die Zeit, spricht der Herr, dass ich dem David einen gerechten Spross erwecken will. … Zu seiner Zeit soll Juda geholfen werden und Israel sicher wohnen" (Jeremia 23,5f). Gott hat durch die Propheten Israels geredet und erfüllt die Verheißungen an sein Volk. Die Krippe stand in Bethlehem.

Aber gleichzeitig gilt auch: „Aller Welt Enden sehen das Heil unseres Gottes." Da wird es dann gleich ganz international. Christus kommt als Retter und Heiland für alle Völker. Schon im Gesang der Engel auf den Feldern Bethlehems wird „Frieden auf Erden" verkündet. Ja es ist sogar noch mehr als international. Wie soll man es nennen, wenn eine Brücke vom Himmel zur Erde geschlagen wird? In der Heiligen Nacht berühren sich die sichtbare und die unsichtbare Welt.

„Das Heil unseres Gottes.", darauf kommt es zu Weihnachten an. Das ist allen Menschen zu sagen, egal in welchem Land mit welchen Bräuchen und Traditionen sie das Fest begehen oder ob das Weihnachtsfest in ihrer Kultur noch gar nicht bekannt ist.

Dieses Heil ist nicht unbedingt die „heile Welt", die wir an Weihnachten so gern haben wollen. Sondern dieses Heil in Person, Jesus Christus, kommt gerade weil und gerade da, wo die Welt nicht heil ist, im Großen wie im Kleinen.

## Christfest I

# Weihnachten

Und der Engel sprach zu ihnen: Fürchtet euch nicht! Siehe, ich verkündige euch große Freude, die allem Volk widerfahren wird; denn euch ist heute der Heiland geboren, welcher ist Christus, der Herr, in der Stadt Davids.

Lukas 2,10f

Neulich sprach ich mit Jugendlichen über das, „was unbedingt zu Weihnachten dazugehört“. Ausgangspunkt war die Frage, ob es vielleicht auch ohne Tannenbaum Weihnachten würde und warum man unbedingt einen solchen in der Kirche aufstellen muss. Nachdem geklärt war, dass Weihnachtsbäume in Kirchen jedenfalls weder mit blinkenden Lichterketten geschmückt, noch mit Rudolf dem Rentier oder Frosty dem Schneemann verziert werden, und das ansonsten keine Frage des Glaubens ist, sagte einer: „Aber das mit dem Baum ist doch wegen der Freude!“ Und dann zählten sie mir auf, was alles zur Weihnachtsfreude gehört.

Ich fühlte mich in meine Kindheit versetzt. Der Pfarrer damals ließ Weihnachten immer das Lied „Welchen Jubel, welche Freude, bringt die liebe Weihnachtszeit, fröhlich sieht man alle Leute in der ganzen Christenheit.“ singen. Genauso empfand ich es als Kind. Und bis heute liebe ich es, wenn am 24. Dezember plötzlich die ganze unkirchliche Christenheit in unserem Land fromm und fröhlich wird. Im Radio verkündigt die Schlagersängerin, in der heiligsten Nacht sei das Kind geboren, welches uns selig macht und im Fernsehen laufen fast so viele Gottesdienste wie „Drei Haselnüsse für Aschenbrödel“. Die Kirchen sind voll und auf dem Hauptbahnhof spielt ein Posaunenchor Choräle. Die große Freude, von der der Engel sprach, hat auch nach über 2000 Jahren ihre Kraft nicht verloren. Statt miesepetrig daran herumzukritisieren, dürfen wir es ernst nehmen, dass diese Freude „allem Volk“ wiederfahren soll.

Das Lied, das in meiner Kindheit gesungen wurde, hat übrigens eine weitere Strophe: „Doch wie kurz sind solche Freuden, bald verlöscht der Kerzen Lich. Jesus kann allein bereiten, Freuden, die vergehen nicht.“ Ich bin mir nicht sicher, ob ich das nicht auch miesepetrig finde. Aber wenn ich sehe, wie sich in vielen Familien alles auf den einen Moment der „Bescherung“ konzentriert, der darum mit allen Mitteln ausgedehnt werden muss oder wie schnell die Gans, die fünf Stunden bei niedriger Temperatur gegart wurde, dann aufgegessen ist, dann denke ich doch, dass diese Freuden echt kurz sind. Wenn das alles ist, ist es jedenfalls schnell vorbei.

All diese Dinge, die uns Freude bereiten, haben die Kraft, hinzuweisen auf den Grund der Freude. Wie wäre es darum mit dem Gedanken „Heute mache ich anderen Menschen so viel Freude wie möglich“? Das ist viel besser, als sich ängstlich zu sorgen, ob das nun schön genug wird dieses Jahr oder zu hadern, weil es definitiv nicht schön ist und an mich ja auch keiner denkt. Und das geht auf alle Fälle. Wer im Krankenhaus liegt, schenkt der Krankenschwester ein Lächeln. Wer sich über die angeheiratete Verwandtschaft ärgert, ist trotzdem nett. Wer vor Stress am liebsten losheulen möchte, hält noch ein kleines bisschen durch. Wer enttäuscht ist über seine undankbaren Kinder, schenkt ihnen trotzdem was. Immer mit dem Gedanken „Das ist doch wegen der Freude“. Man könnte auch sagen: „Das ist doch wegen Jesus. Der hat schließlich Geburtstag.“

## Christfest II/Tag des Erzmärtyrers Stephanus

# Stephanus

Er aber, voll Heiligen Geistes, sah auf zum Himmel und sah die Herrlichkeit Gottes und Jesus stehen zur Rechten Gottes und sprach: Siehe, ich sehe den Himmel offen und den Menschensohn zur Rechten Gottes stehen.

Apostelgeschichte 7,55f

Haben Sie schon mal beobachtet, wie Kinder eine Weihnachtskrippe aufbauen? Meistens geschieht das Aufstellen und Zuordnen der einzelnen Figuren nicht unbedingt nach dem, was Erwachsene ästhetisch finden, sondern nach der Bedeutung, die die dargestellte Person oder das Tier für die Kinder hat. Wer darf ganz nah beim Jesuskind stehen? Das ist meistens eine wichtige Entscheidung.

So ähnlich kann man sich auch vorstellen, wie das Kirchenjahr entstanden ist. Wer darf ganz nah beim Jesuskind stehen, welche Gedenktage gehören eng an das Weihnachtsfest herangerückt. Die Kirche hat darauf die Antwort gefunden, das müssten wohl Stephanus und Johannes sein, dazu die unschuldigen Kinder von Bethlehem, die zu Opfern des bösen Königs Herodes wurden.

Stephanus zuerst, weil er der erste Märtyrer war. Er gehörte zu den Diakonen der Urgemeinde in Jerusalem und galt als der Anführer der griechisch sprechenden Judenchristen. Als solcher wurde er vor dem Hohen Rat angeklagt, er habe gesagt, Jesus werde den Tempel zerstören und das Gesetz Israels ändern. Stephanus war ein guter Theologe und ein guter Redner, er schlug sich tapfer in den Streitgesprächen, die er zu führen hatte. Doch ein rechtschaffener Prediger will nicht nur die Zustimmung seiner Hörer gewinnen, er übt auch schonungslos Kritik, wo es von Gottes Wort her nötig ist. Als er von Christus sprach, den das Gesetz und die Propheten bezeugen und seinen Hörern vorwarf, das Gesetz hätten sie nicht gehalten und die Propheten umgebracht, stießen ihn die Pharisäer voll Wut aus der Stadt hinaus und steinigten ihn vor den Toren Jerusalems. Stephanus erleidet den Tod eines Gotteslästerers und Paulus stand dabei und freute sich darüber.

Jesus hat seinen treuen Zeugen aber nicht allein gelassen. Den sicheren Tod vor Augen, sieht Stephanus den Himmel offen und Jesus an der rechten Seite Gottes stehen. Gott selbst hat den Himmel zerrissen und ist auf der Erde erschienen. Das feiern wir an Weihnachten. Und dieser Himmel bleibt offen, auch als Stephanus, der „Erzmärtyrer" und unzählige nach ihm, ihren Glaube mit dem Leben bezahlen und bezeugen.

Martin Luther sagte einmal, in der Geschichte von Stephanus sei das ganze Evangelium abgemalt: Glaube, Liebe, Kreuz, Tod und Leben. Darum gehört Stephanus ganz dicht an die Krippe. So ehrt die Kirche ihn und alle Märtyrer. Diese Ehrerbietung spiegelt sich sogar im Brauchtum wieder. Einige weihnachtliche Gebäckarten erinnern in ihrer Form an Steine. Sie wurden traditionell am Stephanstag, also dem 2. Weihnachtstag, gegessen. Das Kommen Gottes verwandelt alles. Auch das Sterben seiner Heiligen.

## 27. Dezember – Tag des Apostels und Evangelisten Johannes

# Der Apostel und Evangelist Johannes

Als Petrus diesen sah, spricht er zu Jesus: Herr, was wird aber mit diesem? Jesus spricht zu ihm: Wenn ich will, dass er bleibt, bis ich komme, was geht es dich an?

Johannes 21,21f

Da hat Jesus nach seiner Auferstehung ganz offensichtlich noch etwas mit seinen beiden herausragenden Jüngern zu klären. Man wird an einen Unternehmer erinnert, der mit seinem Geschäftsführer noch mal ganz grundsätzlich über die Loyalität zur Firma sprechen muss. Das tut Jesus mit Petrus, nachdem der ihm feige genau diese Loyalität, und zwar nicht nur zur Firma, sondern auch persönlich, aufgekündigt hatte in der Stunde der Gefahr. Er hat trotz großer Worte vorher Jesus allein sterben lassen. Trotzdem wird Petrus in seiner Rolle bestätigt. Und dann ist es plötzlich, als ob der Blick des Geschäftsführers auf den besten Freund des Unternehmers fiele und er fragt: Aber was ist mit dem?

Was ist mit diesem, was ist mit Johannes? Aus dem Zusammenklang der vier Evangelien wissen wir, dass Johannes wohl der Jünger war, „den Jesus liebte", sein bester Freund, der Lieblingsjünger. Mit Petrus und seinem leiblichen Bruder Jakobus gehörte er zum inneren Kreis der Jünger. Und im Gegensatz zu Petrus war Johannes nicht weggelaufen, sondern hatte unter dem Kreuz ausgehalten und dort auch die Verantwortung für die Mutter Jesu übernommen. Aus der etwas barschen Antwort an Petrus hatten die ersten Christen geschlossen, Johannes würde bis zur Wiederkunft Jesu nicht sterben. Allerdings hat Jesus das nicht gesagt und es ist auch nicht so gekommen.

Und doch ist dieser Freund Jesu, den die kirchliche Tradition auch mit dem 4. Evangelisten identifiziert und ihm die Johannesbriefe und die Offenbarung zuschreibt, in vieler Hinsicht ausgezeichnet worden. Nicht nur, weil auch er einer der Säulen der Jerusalemer Urgemeinde war und später als Bischof in Ephesus gewirkt hat.

Johannes ist als einzigem der Apostel das Martyrium erspart geblieben. Er ist in hohem Alter eines natürlichen Todes gestorben. Ob Jesus das mit seinen Worten an Petrus gemeint hat? Vielleicht wollte er aber auch uns sagen, dass uns solche Fragen nicht zustehen: Warum erfährt dieser Bewahrung und jener nicht? Warum gibt Gott dem einen ein besonderes Amt und dem anderen nicht?

Eines hat Johannes jedenfalls vor allen anderen ausgezeichnet, nämlich die Liebe. Seine Briefe sind voll davon, sein Evangelium bezeugt die Liebe Gottes. Es ist schön, dass gerade Johannes mit seinem Gedenktag so nah an der Krippe stehen darf. Da gehört der Lieblingsjünger hin.

## 28. Dezember – Tag der unschuldigen Kinder

# Kindermord von Bethlehem

Als Herodes nun sah, dass er von den Weisen betrogen war, wurde er sehr zornig und schickte aus und ließ alle Knaben in Bethlehem töten und in der ganzen Gegend, die zweijährig und darunter waren, nach der Zeit, die er von den Weisen genau erkundet hatte.

Matthäus 2,16

Das ist eine der bittersten Geschichten in der ganzen Bibel. Genaugenommen ist es sogar ein Teil der Weihnachtsgeschichte, aber das würden wir gerne ausblenden, wenn uns dieser Tag nicht daran erinnern würde.

Bitter ist es, weil wir sehen, wie beste menschliche Absichten ungewollt Furchtbares in Gang setzen können. Die Weisen aus dem Morgenland wollten den Gottessohn anbeten und das Ende vom Lied war der Kindermord von Bethlehem. So verdreht und verquer finster ist die Welt, in die das Jesuskind geboren wird.

Der Tag der unschuldigen Kinder erinnert uns an manche düstere Tatsache, zum Beispiel die, dass Kinder immer die ersten Opfer sind. Auch, dass die Grausamkeit despotischer Herrscher vor nichts, auch den schutzlosesten Wesen, nicht Halt macht.

Der Kindermord von Bethlehem konfrontiert sogar mit der dunklen Seite Gottes. Wie kann Gott um des einen geretteten Kindes die anderen alle umbringen lassen?

Aber das andere sehen wir auch: selbst die allertiefste Bosheit kommt nicht endgültig ans Ziel. Herodes war ein so widerlicher Herrscher, so verworfen, dass sein Freund, der Kaiser Augustus, gesagt haben soll, er möchte lieber Herodes Schwein als sein Sohn sein. Der alternde Herodes hat nämlich aus Angst vor einem möglichen Thronräuber einen Teil seiner Söhne und andere Verwandten hinmetzeln lassen. So einer hatte sicher keine Gewissensbisse wegen einiger Kinder in Bethlehem.

Aber was Herodes erreichen wollte, hat er nicht erreicht. Den neugeborenen König der Juden hat er nicht erwischt. Der sitzt auf dem Thron Davids, und regiert mit Recht und Gerechtigkeit von nun bis in Ewigkeit, wie die Propheten es angekündigt haben.

Die Kirche hat es auf ihrem Weg durch die Zeiten immer wieder mit solchen Ungeheuern wie Herodes zu tun bekommen. Was sie angerichtet haben, war und ist furchtbar. Aber gewonnen haben sie nicht.

Vergessen sind auch ihre unschuldigen Opfer nicht. Daran denken wir am Tag der unschuldigen Kinder. In manchen katholisch geprägten Gegenden ist es üblich, alle Kinder an diesem Tag zu einem besonderen Gottesdienst einzuladen, um sie ganz besonders wertzuschätzen und ihnen zu sagen, dass sie wie die unschuldigen Kinder von Bethlehem ganz nah zum Jesuskind an die Krippe gehören.

## 1. Sonntag nach dem Christfest

# Gott mit uns

Zion aber sprach: Der Herr hat mich verlassen, der Herr hat meiner vergessen. Kann auch eine Frau ihr Kindlein vergessen, dass sie sich nicht erbarme über den Sohn ihres Leibes? Und ob sie seiner vergäße, so will ich doch deiner nicht vergessen. Siehe, in die Hände habe ich dich gezeichnet; deine Mauern sind immerdar vor mir.

Jesaja 49,14–16

Es war eine „Sternstunde des Konfirmandenunterrichts". Ich dozierte ganz ergriffen über diesen Bibelvers, bis einer der Jungen sagte: „Doch. Meine Eltern haben mich aber schon mal vergessen. An der Tankstelle." Nun ja, normalerweise überlegen Eltern zwar ab und zu, wo sie ihr Kind denn heute schon wieder abholen sollen, ob das nun dienstags am Fußballplatz und mittwochs vor der Musikschule war oder umgekehrt und ausnahmsweise vergessen sie vielleicht auch mal, dass sie es überhaupt abholen sollten, aber so ganz grundsätzlich dürfte es ihnen nicht entfallen, dass sie ein Kind haben. So habe ich es dem Konfirmanden dann erklärt, der seinen Eltern auch gar nicht böse war.

Trotzdem ist damit nicht zu spaßen. Eine sehr kompetente Erzieherin hat mir und anderen Eltern einmal deutlich gemacht, dass sich „Vergessenwerden" für Kinder tatsächlich anfühlt wie „Verlassen-werden". Sie sagte: „Auch wenn sie nur eine Viertelstunde zu spät kommen werden, sagen sie bitte Bescheid. Ihr Kind kann weder die Zeitspanne noch ihre Gründe abschätzen, es bekommt einfach Angst." Tatsächlich steckt in uns allen tief innen ein Kind, das Angst hat, allein gelassen, vergessen, im Stich gelassen zu werden. Und je mehr Menschen uns haben erleben lassen, dass diese Angst konkret ist und das wirklich passiert, umso schlimmer ist es.

Die Einwohner Jerusalems dachten auch von Gott, er haben sie vergessen oder verlassen. Sonst hätte er ihnen doch geholfen gegen ihre Feinde, oder nicht? Dieser Erfahrungslogik setzt der Prophet Jesaja eine andere Erfahrung entgegen. Dem Bild der Niederlage und Zerstörung stellt er das friedliche

Bild einer Mutter mit ihrem Kind gegenüber. In der Weihnachtszeit ist uns dieses Urbild von Liebe und Geborgenheit besonders vor Augen. Auf vielen Darstellungen wirkt es, als würden Maria und das Jesuskind einen Kreis, eine Einheit bilden und ganz ineinander versunken sein.

So liebt Gott seine Stadt Jerusalem, allem zum Trotz, was geschehen ist. Er hat sie nicht vergessen, die Mauern der Stadt sind in seine Hände gezeichnet. Heute würde man vielleicht sagen: auf seiner Hand ist ein Tattoo. Bei jeder Handlung sieht er es und wird an Jerusalem erinnert.

Manche Eltern machen das ja tatsächlich, dass sie sich die Namen ihrer Kinder eintätowieren lassen. Ich argwöhne ja dabei zwar, dass manche Väter (meistens sind es die Väter, die dann „Jonas und Mathilda" auf dem Unterarm stehen haben) einfach nur nicht den Überblick verlieren wollen; aber Gott hätte den Überblick bestimmt auch so.

Von uns ist das Gleiche zu sagen wie von den Einwohnern Jerusalems. Bei unserer Taufe wurde auch unser Name in Gottes Hand geschrieben, er hat uns immer vor Augen, er vergisst nicht uns zu helfen, er kann uns so wenig verlassen wie eine gute Mutter ihr Kind verlässt. Ich weiß, dass es manchmal so aussieht und es fühlt sich auch so an. Aber es nicht wahr. In Wahrheit kommt Gott auch nicht zu spät. Er kommt rechtzeitig.

## Altjahrsabend

# Jahreswechsel

Denn ich bin gewiss, dass weder Tod noch Leben, weder Engel noch Mächte noch Gewalten, weder Gegenwärtiges noch Zukünftiges, weder Hohes noch Tiefes noch irgendeine andere Kreatur uns scheiden kann von der Liebe Gottes, die in Christus Jesus ist, unserm Herrn.

Römer 8,38f

Eine bekannte Postkartenweisheit besagt, dass die Gegenwart das Einzige ist, was man ändern kann. Die Vergangenheit ist vorbei, die Zukunft unbekannt. Also brauche man sich um beides nicht zu kümmern.

Ich bin mir nicht sicher, ob das so stimmt. So mancher Mensch hat schon erschrocken feststellen müssen, dass ihn seine Vergangenheit plötzlich eingeholt hat. Wer über vergangene Fehler nicht nachdenkt, wiederholt sie mit ziemlicher Wahrscheinlichkeit.

Die meisten Menschen finden allerdings die Zukunft deutlich spannender. Was wird mir die Zukunft bringen? Kann ich das irgendwie beeinflussen? Bin ich einfach dem blinden Schicksal ausgeliefert oder dem Einfluss der Sterne?

An Silvester haben Wahrsager, und alle, die meinen sie könnten die Zukunft voraussagen, Hochkonjunktur. Übergänge verunsichern und sind daher schon immer mit abergläubischen Praktiken verbunden gewesen.

Dabei ist der weltliche Jahreswechsel ja ein sehr willkürliches Datum, das keine tiefere Bedeutung hat. Übrigens auch in christlicher Hinsicht nicht. Kirchlich ist Neujahr der Tag der „Beschneidung und Namensgebung des Herrn", denn im Lukasevangelium heißt es: „Und als acht Tage um waren und er beschnitten werden sollte, gab man ihm den Namen Jesus, welcher genannt war von dem Engel, ehe er im Mutterleib empfangen war." (Lukas 2,21).

Dass in vielen Gemeinden auch an Silvester Gottesdienste gefeiert werden, hängt mit dem Bedürfnis zusammen, den Übergang ins neue Jahr nicht ohne Gott zu begehen und sich seines Schutzes und seines Mitgehens zu versichern.

Denn auch Christen fragen sich, was Zukünftiges auf sie wartet. Da ist es gut, die Zusage zu hören, nichts könne sie aus Gottes Hand reißen und von seiner Liebe trennen. Horoskopschreiber müssen die Gratwanderung schaffen genügend Schlechtes anzukündigen, um realistisch zu wirken, aber nicht so viel, dass sie die Leute wirklich deprimieren. Die Bibel ist da ehrlicher. Ja, wir werden es auch im neuen Jahr mit Tod und Leben zu tun bekommen. Wir sind nicht nur „von guten Mächten wunderbar geborgen", wir sind auch unheilvollen Kräften und Mächten ausgesetzt. Und trotzdem bleiben wir von der Liebe Gottes umfangen.

So wird auch das neue Jahr ein Anno Domini, ein Jahr des Herrn.

## Neujahrstag

# Beschneidung und Namensgebung des Herrn

Und alles, was ihr tut mit Worten oder mit Werken, das tut alles im Namen des Herrn Jesus und dankt Gott, dem Vater, durch ihn.

Kolosser 3,17

Das klingt ja irgendwie wie die mancherlei guten Vorsätze, die Menschen anlässlich des Jahreswechsels fassen. Ab heute tue ich alles „im Namen Jesu". Kann man sich das vornehmen? Und was ist damit überhaupt gemeint?

Als in unserem Land noch Könige regierten, stand über jedem Erlass oder Befehl: „Im Namen des Königs." Heute wird bei Gericht das Urteil gesprochen: „Im Namen des Volkes." Von frommen Kirchenleitungen in der Vergangenheit wird berichtet, über jedem Protokoll ihrer Sitzungen habe gestanden: „Im Namen Jesu." Damit ist ein besonderes Vorzeichen gesetzt, eine jeweils höhere Autorität benannt, also jedenfalls klargemacht, dass nicht Kraft der eigenen Wassersuppe etwas unternommen oder angeordnet wird. Damit ist auch eine Instanz auf dem Plan, der man Rechenschaft schuldig ist. Der Amtmann konnte nicht anordnen was er für richtig hielt, sondern musste dem Befehl des Königs folgen. Ein Richter darf nicht willkürlich urteilen, sondern muss anhand demokratisch beschlossener Gesetze entscheiden. Und wer „im Namen Jesu" über seine Beschlüsse schreibt, der wird daran erinnert, dass er vor der Beschlussfassung zu prüfen hat, was ebendieser Jesus wohl dazu sagen würde.

Nun ist der Name Jesus natürlich auch etwas Besonderes. Von diesem Namen gilt, was vom Namen Gottes gilt, nämlich: dass er heilig ist, dass Gott in diesem Namen erfahrbar und gegenwärtig ist und dass man diesen Namen nicht missbrauchen darf. Martin Luther hat es im Katechismus eingeschärft:

> … dass wir bei seinem Namen
> nicht fluchen, schwören, zaubern, lügen oder trügen,
> sondern ihn in allen Nöten anrufen,
> beten, loben und danken.

Wer also den Namen Jesus zu abergläubischen Zwecken missbraucht, gedankenlos oder sogar beim Fluchen ausspricht oder unter einem scheinheiligen Deckmäntelchen andere betrügt, der bringt Gott selbst gegen sich auf, der seinen Namen nicht missbrauchen lässt.

Ebenso ruft aber derjenige, der den Namen Jesus in frommer Absicht ausspricht, also zum Beispiel vor einem gefährlichen Unterfangen sich dadurch unter den Schutz Jesu stellt oder ihm den Ausgang einer Sache damit anbefiehlt auch Gott selbst auf den Plan mit seinem Schutz und Segen. Darum ist es gut, dies am Beginn eines neuen Jahres zu tun und damit das beginnende Jahr als Anno Domini – Jahr des Herrn – zu kennzeichnen.

Allerdings ist unser Jahresanfang an sich kein religiöses Datum. Vielmehr wurde unser heutiger erster Januar schon seit dem 4. Jahrhundert nach Christus als „Tag der Beschneidung und Namensgebung Jesu" gefeiert. Denn damals wurde der 25. Dezember als Termin für das Weihnachtsfest festgelegt und da es im Lukasevangelium heißt: „Und als acht Tage um waren und er beschnitten werden sollte, gab man ihm den Namen Jesus, welcher genannt war von dem Engel, ehe er im Mutterleib empfangen war." (Lukas 2,21), wurde der 8. Tag danach ein eigener Feiertag.

Jesus wurde also wie jeder jüdische Junge am achten Tag nach seiner Geburt beschnitten, wie es im Alten Testament (1. Mose 17,10–13) als Zeichen des Bundes Gottes mit seinem Volk angeordnet ist. Damit verbunden war und ist, dass der kleine Junge dabei seinen Namen bekommt. Den Namen Jesu haben nicht Maria und Joseph ausgesucht, sondern der Engel Gabriel hatte ihn Maria genannt. Dabei ist der hebräische Name Jeshua oder Joshua (nach dem Nachfolger des Mose) nicht außergewöhnlich gewesen. Außergewöhnlich ist, dass Jesus (das ist die griechische Namensform) die Bedeutung dieses Namens – Jahwe rettet – unüberbietbar verkörpert.

In Jesus rettet Gott die Welt. Im Namen Jesu gilt Gottes Hilfe und Rettung für jeden Tag des neuen Jahres. Was immer es bringt, es ist ein Jahr des Herrn.

## 2. Sonntag nach dem Christfest

# Die Jugend Jesu

Und sein Vater und seine Mutter wunderten sich über das, was von ihm gesagt wurde.

Lukas 2,33

Mit Verwunderung reagieren Eltern ja immer wieder einmal über das, was von ihrem Kind gesagt wird. „Wie jetzt, die Versetzung ist gefährdet?“, „Im Ernst, meine Tochter springt vom 10-Meter-Brett?“, „Kann doch gar nicht sein, dass mein Sohn schon fünfmal nicht beim Unterricht war.“ Gerade weil Eltern und Kinder sich so nah sind, fällt der realistische Blick aufeinander schwer. Da ist es gut, wenn jemand „von außen“ etwas sagt, der beispielsweise hilft, Leistungen richtig einzuschätzen oder Probleme zu erkennen. Andererseits müssen Eltern heute auch von der ersten Untersuchung in der Schwangerschaft an lernen, sich nicht von allem verrückt machen zu lassen, was so über ihr Kind gesagt wird. Ein ganzes Team von Ärzten, Hebammen, Erziehern und Lehrern wird in den ersten Lebensjahren des Kindes alles daransetzen, jeden denkbaren Förderbedarf zu erkennen und jedes gesundheitliche Risiko auszuschließen. Das ist zwar hilfreich, kann aber auch dazu führen, dass Mutter und Vater die Sprösslinge als etwas reparaturbedürftig empfinden. Auch eine besondere Begabung fällt nicht unbedingt als erstes der Familie auf.

Wie mag es Maria und Joseph gegangen sein, als sie im Tempel in Jerusalem hörten, was der alte Simeon über ihr Baby sagte? Sie hatten ja von der übernatürlichen Entstehung der Schwangerschaft an bereits genug Grund gehabt, die ganze Geschichte nicht nur wunderbar, sondern auch echt wunderlich zu finden. Besonders der arme Joseph, der hier ganz selbstverständlich als „sein Vater“ bezeichnet wird, obwohl er doch nur der Stiefvater ist, der irdische Ersatzvater oder wie immer man das nennen soll. Leider erzählt uns die Bibel nicht, was er dazu gesagt hat. Vielleicht hätte er ja eingewendet, dass er in vielerlei Hinsicht durchaus der Vater des kleinen Jesus war, rechtlich gesehen zum Beispiel. Und wer hat denn Maria in Schutz genommen als sie das Kind unter dem Herzen trug, wer hat ihr bei der Geburt beigestanden und Mutter und Kind anschließend in Sicherheit gebracht? Wer ist mit Maria in den Tempel gegangen, um den erstgeborenen Sohn Gott darzustellen? Wer hat den zwölfjährigen Jesus verzweifelt in Jerusalem gesucht, wer hat ihn eine ganze Kindheit lang begleitet? Das war doch wohl Joseph, der uns immer so als Randfigur erscheint. Ich denke, Gott hat sich den Stiefvater seines Sohnes gut ausgewählt, auch wenn der das gar nicht immer alles verstanden hat. Ein wenig kann uns Joseph dadurch auch zum Vorbild werden. Ein Vorbild für alle, die Kinder versorgen, beschützen und erziehen, die nicht ihre leiblichen Kinder sind, ist Joseph auf jeden Fall. Aber auch ein Vorbild für uns alle, weil er bereit war, Gottes Wege zu gehen, seine Aufgabe anzunehmen – auch, wenn er sich sicher oft darüber gewundert hat. Es kommt oft mehr auf das Vertrauen, als auf das Verstehen an.

Gottes Rat war uns verborgen,
seine Gnade schien uns nicht;
Klein und Große mussten sorgen,
jedem fehlt'
es an dem Licht,
das zum rechten Himmelsleben
seinen Glanz uns sollte geben.

Johann Rist

Allmächtiger Gott, ich danke dir dafür, dass du mir den Glauben an Jesus Christus geschenkt und mir die Augen für deine Herrlichkeit und Gnade geöffnet hast. Erleuchte die ganze Erde mit dem Licht deiner Barmherzigkeit. Dein Wille geschehe, dass allen Menschen geholfen werde und sie zur Erkenntnis der Wahrheit gelangen. Amen

## Epiphanias

# Gottes Herrlichkeit erscheint

Da sie den Stern sahen, wurden sie hocherfreut und gingen in das Haus und sahen das Kindlein mit Maria, seiner Mutter, und fielen nieder und beteten es an und taten ihre Schätze auf und schenkten ihm Gold, Weihrauch und Myrrhe.

Matthäus 2,10f

Die Weisen aus dem Morgenland haben es schwer. Nicht nur in der Vergangenheit, als sie mit diesem widerlichen Tyrannen Herodes konfrontiert waren und am Ende ihrer Reise beinahe eine Enttäuschung erlebt hätten.

Nein, auch heute, da ihre Gebeine im Kölner Dom ruhen. Also vermutlich ruhen, denn „vermutlich" wird im Zusammenhang mit ihnen ziemlich oft gebraucht. Und so werden die Besserwisser aller Zeiten nicht müde, immer wieder zu betonen, dass wir weder genau wissen, wie viele Weise es nun waren, noch woher sie kamen und auch nicht, ob sie Kaspar, Melchior und Balthasar hießen. Und von Königen sei doch gar nicht die Rede. Die ganzen Krippendarstellungen, alles reine Fantasie – inklusive der Kamele.

Tja, die Kamele. Da kann man mal sehen, dass der schlichte Glaube manchmal mehr weiß als alle neunmalklugen Zweifler, weil er sich an die Schrift hält. Im 60. Kapitel des Jesajabuchs heißt es: „Denn die Menge der Kamele wird dich bedecken, die jungen Kamele aus Midian und Efa. Sie werden aus Saba alle kommen, Gold und Weihrauch bringen und des Herrn Lob verkündigen" (Jesaja 60,6). Und es ist tatsächlich von Königen die Rede. In Psalm 72 steht: „Die Könige von Tarsis und auf den Inseln sollen Geschenke bringen, die Könige aus Saba und Seba sollen Gaben senden. Alle Könige sollen vor ihm niederfallen und alle Völker ihm dienen"(Psalm 72,10f). Also, die Könige und die Kamele bleiben an der Krippe – samt aller morgenländischen Pracht.

Aber geheimnisvoll bleibt es doch, was diese königlichen Weisen nun tun, als sie das Jesuskind gefunden haben. Sie werfen sich vor ihm nieder, vollziehen also die Proskynese wie im Orient vor einem Herrscher üblich und bringen wertvolle G'aben: Gold dem König, Weihrauch dem Gott und Myrrhe dem Gotteslamm.

Sie sind die Vertreter der nichtjüdischen, der heidnischen Welt, die dem Messias huldigen. Also so etwas wie unsere Repräsentanten an der Krippe. Sie erinnern uns daran, dass Gott auch den Völkern, aus denen wir stammen, einen Stern hat aufgehen lassen, dass bei uns das Licht des Evangeliums angezündet wurde und das alles aus Gottes unbegreiflicher Gnade. Wir Christen aus den Heiden dürfen an den Sohn aus Davids Stamm, den Messias Israels, Gottes Sohn glauben. Das ist keineswegs selbstverständlich.

Die Weisen aus dem Morgenland sind auch die Repräsentanten derer, die auf der Suche sind nach dem Kind in der Krippe, mögen sie hier geboren sein oder eben im Morgenland. Sie erinnern uns an unsere Pflicht, ihnen aus der Heiligen Schrift zu sagen, wo sie Jesus finden können, so wie die Schriftgelehrten es damals in Jerusalem taten. „Und du, Bethlehem Efrata, die du klein bist unter den Tausenden in Juda …" (Micha 5,1).

Das Epiphaniasfest ist ein echtes Missionsfest. Wir sind dankbar über die Verkündung des Evangeliums und wollen mithelfen, dass das in aller Welt geschieht. „Und die Völker werden zu deinem Lichte ziehen und die Könige zum Glanz, der über dir aufgeht" (Jesaja 60,3).

## 1. Sonntag nach Epiphanias

# Taufe Jesu

Und siehe, eine Stimme vom Himmel herab sprach: Dies ist mein lieber Sohn, an dem ich Wohlgefallen habe.

Matthäus 3,17

Im Religionsunterricht der 2. Klasse kam eine Frage auf: „Ist Jesus denn auch getauft?" Die Lehrerin hatte gerade wortreich erklärt, dass man zum Taufen Wasser ohne Seife nimmt und der Täufling trotzdem „rein" wird und dass Taufe etwas mit Glauben zu tun hat.

Nun war die Verwirrung groß. „Der Jesus musste ja gar nicht glauben, er wusste ja alles von Gott." „Ja, und Sünden hat er auch nicht gemacht, da musste nichts rein werden." „Ihr habt Recht", sagte die Lehrerin. „Natürlich wusste Jesus alles über seinen Vater im Himmel und er wusste auch, dass er Gottes Sohn ist. Ihr wisst ja auch, dass eure Mamas euch liebhaben und trotzdem nehmen die euch ganz oft in den Arm und sagen: Du bist mein allerliebstes Kind." „War Jesus denn da noch ein Baby?" „Nein, als Baby wurde Jesus wie jeder jüdische Junge beschnitten. Bei seiner Taufe war er schon groß. Aber Gott hat trotzdem nochmal ganz laut gesagt: „Du bist mein lieber Sohn, du gefällst mir gut."

„Ja, aber warum ist der Jesus denn nun getauft worden?" „Der Mann, der Jesus getauft hat, hieß Johannes der Täufer. Das war sogar so eine Art Cousin Jesu. Er war genau ein halbes Jahr älter als Jesus. Wahrscheinlich hatten die beiden sich schon früher gesehen, auf jeden Fall wusste Johannes, dass Jesus Gottes Sohn ist und dass er keine Taufe zur Sündenvergebung gebraucht hat. Deshalb wollte Johannes ihn zuerst auch nicht taufen." „Und dann?" „Dann hat Jesus gesagt, dass es so sein muss, weil er allen Menschen Gerechtigkeit, also dass sie vor Gott wieder recht sind, bringen will. Und Johannes hat ihn im Fluss Jordan getauft."

Über die Geschichte von der Taufe Jesu kann man lange nachdenken. Eigentlich gehört sie noch mit zum Epiphaniasfest, weil es auch hier um die

Erscheinung der Herrlichkeit Gottes geht. So, wie es in der Natur jetzt so nach und nach heller wird, beobachten wir in der Epiphaniaszeit geistlich, wie das Licht, das mit Jesus in die Welt gekommen ist, immer weiterwächst. Das geht hier wie dort langsam Schritt für Schritt. Beobachten wir es in diesem Jahr doch einmal genau.

## 2. Sonntag nach Epiphanias

# Das erste Wunder Jesu zu Kana in Galiläa

Das ist das erste Zeichen, das Jesus tat. Es geschah zu Kana in Galiläa, und er offenbarte seine Herrlichkeit. Und seine Jünger glaubten an ihn.

Johannes 2,11

Wissen Sie spontan, um welches Zeichen es sich hier handelt? Es geht um ein Wunder, das sich auf einer Hochzeitsfeier zugetragen hat. Auf dieser Feier, zu der Jesus, seine Mutter und seine Jünger eingeladen waren, passierte es, dass den Gastgebern der Wein ausging. Ob sie von vornherein zu wenig eingekauft hatten oder die Gäste trinkfester waren als erwartet, wird nicht gesagt. Jedenfalls war es peinlich. Das wäre es heute ja auch noch.

Jesus bekommt diese Tatsache von seiner Mutter mitgeteilt. Offensichtlich mit der unausgesprochenen Aufforderung, er möge Abhilfe schaffen. Nicht die Notlage der Gastgeber, aber der Versuch Marias, ihm zu sagen, was er tun soll, ärgert Jesus. „Stopp", sagt er. „Noch ist es nicht so weit, dass Menschen mit mir machen können, was sie wollen." Wer das ganze Evangelium kennt, weiß, dass Jesus damit auf die „Stunde" anspielt, in der Menschen mit ihm alles tun werden, was sie wollen.

Maria ihrerseits reagiert mit keinem Wort auf seine Abfuhr, sondern wendet sich an die Diener und sagt ihnen, sie sollen alles tun, was Jesus ihnen aufträgt. Sie zweifelt nicht daran, dass Jesus helfen kann und will.

Und er tut ein Wunder und verwandelt den umfangreichen Inhalt der Waschwasserkrüge in Wein und der schmeckt nicht mal wie Waschwasser, sondern besser als der bereits ausgetrunkene. Das war also das erste Zeichen, das Jesus tat.

In alter Zeit war diese Geschichte sogar die dritte Evangeliumslesung zum Epiphaniasfest. Epiphanias ist das Wort, dass seit den Tagen der ersten Christen das Geschehen der Menschwerdung Gottes zu fassen versucht: Erscheinung. Er ist erschienen. Auf Griechisch heißt das Epiphanias und davon hat das Fest am 6. Januar, das wir unter diesem Namen kennen, seinen Namen. Und weil Epiphanias so besonders ist, gehören drei Lesungen aus dem Evangelium zu diesem Tag: die Anbetung der Weisen aus dem Morgenland (deshalb nennen römisch-katholische Christen das Fest „Heilige drei Könige"), die Taufe Jesu im Jordan und das Weinwunder in Kana. Wir hören diese Lesungen allerdings auf mehrere Sonntage verteilt mittlerweile.

Von Epiphanias, von der Erscheinung Christi, hat auch die Zeit nach Weihnachten ihren Namen. Es wird sozusagen nach und nach entfaltet, was es mit dieser Erscheinung auf sich hat.

Aber hätte man von Gottes Sohn dann nicht eigentlich ein frömmeres Wunder zum Auftakt seines Wirkens erwarten können, als eine Hochzeitsparty am Laufen zu halten? Aber ein Zeichen ist eben keine x-beliebige Wundergeschichte oder ein magischer Trick, sondern das Zeichen sagt aus, wer Jesus ist. Er offenbart, also er zeigt mit dem Zeichen etwas über sich. Nämlich seine Herrlichkeit. Dieses Wort meint mehr, als dass Jesus irgendwie richtig toll und herrlich ist, sondern Herrlichkeit ist eine Eigenschaft, die im Alten Testament zu Gott gehört. Das glauben die Jünger. Zeichen und Glauben gehören zusammen.

Jesus hat im Laufe seines Wirkens noch mehr getan. Blinde sehend gemacht und Tote auferweckt. Das erzählt der Evangelist Johannes dann auch. Aber er hat eben auch dieses Brautpaar aus einer unangenehmen Situation gerettet, ohne dass jemand es mitbekommen hat. Jemand hat mal gesagt: „Unsere Verlegenheiten sind Gottes Gelegenheiten." Das lässt doch hoffen für unsere kleinen und großen Probleme. Die Geschichte von der Hochzeit in Kana zeigt uns einen guten Weg: erstens Gott die Notlage schildern, ohne ihm vorschreiben zu wollen, wie genau die Hilfe aussehen soll. Und ihn zweitens dann machen lassen. Wer weiß, welches Wasser unseres Alltags sich dann in Wein verwandelt …

## 25. Januar – Tag der Berufung des Apostels Paulus

# Vom Saulus zum Paulus

Saulus aber richtete sich auf von der Erde; und als er seine Augen aufschlug, sah er nichts. Sie nahmen ihn aber bei der Hand und führten ihn nach Damaskus; und er konnte drei Tage nicht sehen und aß nicht und trank nicht.

Apostelgeschichte 9,8f

Den guten Saulus hat es buchstäblich umgehauen. Gerade noch war er in Jerusalem in die Ermordung des Diakons Stephanus verwickelt gewesen, nun ist er auf dem Weg nach Damaskus, um der jungen Christengemeinde dort ebenfalls, wenn möglich, den Garaus zu machen. Ein fanatischer Christenverfolger, dieser Saulus, dabei ein gebildeter junger Mann, wohl zwischen 20 und 30 Jahren alt, mit untadeligem jüdischen Stammbaum und römischem Bürgerrecht versehen.

Und dann, irgendwo vor Damaskus, hat er eine Gotteserscheinung. Wie immer, wenn die Bibel von so etwas berichtet, reichen Worte nicht ganz aus, um zu sagen, was geschehen ist. Der junge Mann wird von „Licht umblitzt". Und in dem ungeheuren Licht sieht er eine Gestalt, die ihn zur Rede stellt: „Saul, Saul, was verfolgst du mich?" Offenbar wird diese Frage auf Aramäisch gestellt, denn der Angesprochene wird mit Saul wie der König Saul im Alten Testament angeredet. Auf Sauls Nachfrage stellt der Redende sich vor: „Ich bin Jesus, den du verfolgst." Für uns hört sich das auf Deutsch wie ein ganz normaler Satz an, aber schon griechisch hört man das „Ich bin!" viel intensiver. Wie oft hatte Jesus in seinen Erdentagen gesagt: „Ich bin der Weg, ich bin der gute Hirte, ich bin das Licht ..." Auf Aramäisch hat Saulus noch mehr gehört: „Ich bin", da klingt der Gottesname an. Und ob es nun das Licht war oder die Tatsache, dass ihm Jesus gerade in göttlicher Machtfülle in den Weg getreten war, Saulus stürzt zu Boden. Er bekommt die Anweisung, nach Damaskus zu gehen.

Das allerdings hätte er alleine nun nicht mehr gekonnt. Als er sich aufrappelt ist er blind. Seine Begleiter, die seine Stimme gehört, aber nichts gesehen haben, bringen ihn in die Stadt. Drei Tage verbringt der erschütterte Saulus in diesem Zustand. Er kann oder will weder essen noch trinken. Bis Gott den Judenchristen Hananias zu ihm schickt, der zunächst nicht gehen will. Wie fänden wir es, wenn uns Gott in einer Vision auftragen würde, einen Attentäter zu besuchen, der dabei war, noch mehr Christen umzubringen, als er schon zu Märtyrern gemacht hatte? Aber nach einer kleinen Diskussion geht Hananias zu Saulus, der, wie Jesus ihm mitteilt, betet. Zu Jesus betet, soll das wohl bedeuten. Hananias spricht ihn gleich als „lieben Bruder" an, als er sein Zimmer betritt. Und dann legt er ihm die Hände auf, Saulus empfängt den Heiligen Geist und kann wieder sehen.

Wenn wir mal kurz außer Acht lassen, dass in den meisten Bibelausgaben „Bekehrung des Paulus" über dieser Geschichte steht, dann könnte man ja mal fragen: Ist das eine Bekehrungsgeschichte, eine Heilungs- oder Berufungsgeschichte? Saulus wird jedenfalls im Anschluss getauft. Das ist spannend. Normalerweise ist es in der Apostelgeschichte nämlich andersherum: erst die Taufe, dann der Empfang des Heiligen Geistes durch Auflegen der Hände (Apostelgeschichte 8,4–25; Apostelgeschichte 19,1–7). Nur hier und beim Römer Cornelius, bei dem Petrus unsicher ist, ob er ihn taufen darf (Apostelgeschichte 10,44f), ist es andersherum. Also sozusagen erst die Konfirmation und dann die Taufe. Das kommt einem merkwürdig vor. Die Konfirmation ist ja nichts anderes als die Gabe des Heiligen Geistes durch Handauflegung. Und seit den Anfängen der Kirche gehört beides zusammen, Taufe und Handauflegung.

Wir können also sagen: das haben wir auch erlebt. Und damit wir besser verstehen, was da passiert ist, wird uns hier eine Heilungsgeschichte erzählt. Saul, oder mit römischem Namen Paulus, ist nach der Begegnung mit Jesus so hilflos, dass er an die Hand genommen werden muss wie ein kleines Kind. Nein, der hat sich nicht bekehrt, der hat sich nicht taufen lassen. Er ist bekehrt worden, er ist getauft worden. Passiv, und nur passiv. Der Mensch von sich aus ist total blind für Gott. Gott muss ihm die Augen auftun. Und das geschah bei Paulus genauso wie auch heute bei jedem, der zum Glauben kommt. Bekehrung ist Umkehrung, das sehen wir hier. Saul verfolgt die, die den Namen Jesus Christus anrufen und nun soll er selbst diesen Namen, also Christ, tragen. Er hat Leid über die Gemeinde bringen wollen und wird nun auf einen Weg gesetzt, auf dem er selbst für Jesus leiden wird. Er wird zum Werkzeug. Ein Werkzeug arbeitet nicht automatisch, sondern es wird benutzt. Diese Geschichte ist auch eine Berufungsgeschichte, denn kaum ist Paulus getauft, bezeugt er in der Synagoge seinen Glauben an Jesus.

Mit seinem Erlebnis vor Damaskus fing für ihn alles an. In der Apostelgeschichte wird davon noch zweimal berichtet (auch in Apostelgeschichte 22,4–16 und 26,9–18), und Paulus selbst hat in seinen Briefen davon berichtet (Galater 1,1f; 1. Korinther 15,8f; Philipper 3,6f). Wer mag, kann die Berichte hintereinander lesen. Vielleicht am „Tag der Bekehrung des Paulus" am 25. Januar. Es lohnt sich.

## 3. Sonntag nach Epiphanias

# Mission

Und Jesus sprach zu dem Hauptmann: Geh hin; dir geschehe, wie du geglaubt hast. Und sein Knecht wurde gesund zu derselben Stunde.

Matthäus 8,13

Das Wort „Mission“ ist weitgehend erklärungsbedürftig geworden. Außer natürlich, man ist von klein auf mit Missionsfesten und Missionaren aufgewachsen. Dann fragt man sich natürlich: „Wo soll denn da ein Problem sein? Mission find ich gut.“

Jemanden, der von Kirche gar keine Ahnung hat, zu etwas einzuladen, das mit „Mission“ zu tun hat, ist nicht missionarisch, sondern eine Dummheit. Was würde man denn als Christ denken, wenn man mit den Mitteln, Werbematerialien und Sprüchen zu Veranstaltungen anderer religiöser Gruppen eingeladen würde, mit denen christliche Gemeinden oft versuchen, Außenstehende zu erreichen. Würden Sie da zu einem „Missionsfest“ gehen wollen? Eher nicht, nehme ich an. Niemand wartet nämlich darauf, „missioniert“ zu werden. Denn allein schon das Wort hat für viele Leute einen negativen Klang. So im Sinne von Gehirnwäsche oder Sektenwerbung.

Schade ist es dann, wenn Christen das nicht richtigstellen, sondern sich auch Kirchen von dem Grundgedanken verabschieden, dass sie einen Auftrag haben, anderen vom Glauben an Christus zu erzählen. Das ist, als ob die Seenotrettung ihre Aufgabe umdefiniert. Dazu stellt sie fest: 1. Wasser ist nicht gefährlich. 2. Wir werden jedem selbst die Entscheidung überlassen, ob er ertrinken möchte. 3. Bestimmte Personengruppen haben es entweder nicht verdient oder nicht nötig, aus Seenot gerettet zu werden.

Der letzte Punkt hat die Kirche in Bezug auf die Weiterverbreitung des Glaubens immer wieder beschäftigt. In den Anfängen der Kirche musste geklärt werden, ob Nichtjuden überhaupt zu missionieren seien. Heute wird diskutiert, ob Juden missioniert werden müssen.

Um da Antworten zu finden, hilft die Geschichte von Jesus und dem römischen Hauptmann. Sie trug sich in Kapernaum zu. Dort wohnte Jesus und dort war der Centurio stationiert. Er war ein Römer von der guten Sorte, wie der Evangelist Lukas erzählt hat, der das jüdische Volk achtete und sogar den Bau einer Synagoge finanzierte. Dieser Hauptmann, wir kennen seinen Namen nicht, hatte einen Knecht. Ob das ein Sklave war oder man sich eher den „Burschen" eines Offiziers vorstellen muss, ist nicht ganz klar. Jedenfalls lag dieser Knecht dem Hauptmann am Herzen. Denn als dieser krank wurde, erzählt der Hauptmann dies Jesus. Der sagt sofort: „Ich komme und mache ihn gesund." Der Römer kannte die Juden mittlerweile so gut, dass er wusste, Jesus würde sich nach dem Gesetz Israels unrein machen, wenn er sein Haus beträte. Also sagte er: „Nein, du musst nicht kommen. Das bin ich nicht wert, dass du in mein Haus kommst. Aber ginge es vielleicht auch mit einer Fernheilung?" Auf die Idee war er nämlich gekommen, weil er Jesus absolute Macht zutraute. Und mit Macht kannte er sich aus. Machthaben bedeutet, dass man nicht selbst hin und her rennt, sondern einfach Befehle ausspricht. Jesus versteht diese Theorie sofort. Und er ist von dem Vertrauen überrascht, das ihm ein Heide zuteilwerden lässt. Ein wenig ist er sogar traurig, dass ihm in seinem Volk bisher so wenig zugetraut wurde. Das sagt er seinen Jüngern auch und gibt ihnen dann eine wichtige Lektion: „Merkt es euch, in Gottes Reich werden viele verschiedene Menschen mit am Tisch sitzen. Nicht nur ihr, sondern auch Fremde. Heiden." Jesus überbietet die Aussage des Hauptmanns, er brauche nicht sein Haus zu betreten, indem er sie umdreht. Im Reich Gottes, werden Juden und Nichtjuden sogar Tischgemeinschaft haben. Beide sind eingeladen. Und bei Juden und Nichtjuden kommt es auf den Glauben an. Auf solchen Glauben an Jesus, wie ihn der Hauptmann zeigte. Und damit das alle mit Händen greifen konnten, sagte Jesus einfach: „Geh nur hin. Dir geschieht, wie du geglaubt hast." Und im gleichen Moment war der Knecht gesund.

Falls also noch jemand wissen will, wie das mit der Einladung an den Tisch in Gottes Reich ist, der kann sich an die Worte halten: Dir geschieht, wie du geglaubt hast.

## Letzter Sonntag nach Epiphanias

# Jesus – der Herr der Schöpfung

Und er war hinten im Boot und schlief auf einem Kissen. Und sie weckten ihn auf und sprachen zu ihm: Meister, fragst du nichts danach, dass wir umkommen?

Markus 4,38

Zum Thema Wasser hat die Bibel ein etwas zwiespältiges Verhältnis. Das mag damit zusammenhängen, dass Israel nie eine Seefahrernation war. Auf Schiffen übers Meer fahren, wo die gruseligen Seeungeheuer leben und die Stürme toben – lieber nicht. Von der Dankbarkeit eines, Menschen, der wieder festen Boden statt schwankender Schiffsplanken unter den Füßen hat, spricht zum Beispiel Psalm 107,23–30.

Wasser als erfrischender Tau und sanfter Regen, das hatten sie gerne, auch Fruchtbarkeit spendende Flüsse waren gut. Aber das Meer nicht. Das Meer mit seiner Urgewalt war das Bild für das Chaos schlechthin. Das Alte Testament erzählt von Gott dem Schöpfer, der zu Anbeginn der Welt „Rahab zerhauen und den Drachen durchbohrt hat" (Jesaja 51,9). Er ist es, der den Leviatan an der Angel hat (Hiob 40,25–31). Diese mythischen Seeungeheuer gelten als Symbol für die gegengöttlichen, unheimlichen Mächte des Meeres. Aber klar ist: Gott ist auch der Schöpfer des Ozeans: „Da ist das Meer, das so groß und weit ist, da wimmelts ohne Zahl, große und kleine Tiere. Dort ziehen Schiffe dahin, da sind große Fische, die du gemacht hast, damit zu spielen" (Psalm 104,25f). Welch ein großer Gott ist das, der mit Pottwalen und Riesenkraken spielt zu seinem Vergnügen!

Welch ein großer Gott ist das, „der das Meer erregt, dass seine Wellen wüten" (Jesaja 51,15). Gott donnert Hiob an: „Wer hat das Meer mit Toren verschlossen, als es herausbrach wie aus dem Mutterschoß als ich's mit Wolken kleidete und in Dunkel einwickelte wie in Windeln, als ich ihm seine Grenze bestimmte und setzte ihm Riegel und Tore und sprach: ‚Bis hierher sollst du kommen und nicht weiter; hier sollen sich legen deine stolzen Wellen!'?" (Hiob 38,8–11). Die Jünger Jesu bekamen es mit diesem gewaltigen

Gott zu tun. Sie waren in einem Boot auf dem See Genezareth, auch galiläisches Meer genannt, unterwegs und gerieten in Seenot. Wie gefährlich kann denn ein Binnensee sein, denkt man. Andererseits ist es egal, ob man im Bodensee oder im Atlantik ertrinkt. Plötzlich entstand jedenfalls ein Windwirbel und das Boot lief voll mit Wasser, was hieß, es begann zu sinken.

Währenddessen lag Jesus im hinteren Teil des Fischerbootes, wo es offensichtlich noch trocken war und schlief seelenruhig auf einem Kissen. Voller Panik wecken ihn die Jünger: „Meister, fragst du nicht danach, dass wir umkommen?“ Das war keine Informationsfrage, das war nicht mal nur ein Apell, das war ein handfester Vorwurf.

Ich denke an die vielen Menschen, die heute zu Jesus genauso schreien: „Interessiert es dich eigentlich, was hier gerade passiert? Hast du eine Ahnung, was diese Krankheit mit mir macht? Ist es dir egal, wie viele gerade vor die Hunde gehen? Und wenn es dich doch irgendwie kümmert – warum tust du nichts dagegen? Schläfst du? Bist du tot? Hast du noch nie existiert? Warum hilfst du nicht?

In der Geschichte reagiert Jesus nur schweigend. Er steht auf, bedroht den Wind und sagt dem Wasser, es soll still sein. Und es entstand eine Stille, die fast mit Händen zu greifen war. Und in diese Stille hinein fragt er die Jünger, warum sie solche Angst gehabt hätten, ob sie denn noch nicht glaubten? Die Jünger fürchteten sich jetzt erst recht. Jetzt nicht mehr vor dem Ertrinken, sondern vor Jesus selbst: „Wer ist der, dass ihm Wind und Meer gehorsam sind!“ (Markus 4,41) Und angesichts all dessen, was das Alte Testament über Gott und Wind und Wellen erzählt, lautet die Antwort: Er ist Gott! Aber haben damit die Angstschreie derjenigen, die trotz ihres Glaubens und an ihrem Glauben gerade Schiffbruch erleiden damit eine Antwort oder sogar eine Zusage bekommen? Die größte Anfechtung ist ja nicht die, ob Gott helfen kann. Das Schlimmste ist die Verzweiflung, warum er nicht helfen will, obwohl er könnte.

Es gibt auch für uns keine andere Antwort als die: Er ist Gott. Er ist allmächtig, auf sein Wort hin muss jede Bedrohung weichen. Aber auch da, wo er nicht eingreift, soweit wir erkennen, auch da gilt: Er ist Gott. Christen müssen oft gegen den Augenschein glauben. Luther hat gesagt, Gott verstecke sich oft unter der Maske des Gegenteils. Jesus selbst hat das im Garten Gethsemane so mit seinem himmlischen Vater erlebt. Da war er nicht mehr so souverän wie auf dem See, da hat er gezittert vor Angst wie die Jünger und wollte lieber auch nicht umkommen. Ob es ihn also kümmert, wenn wir um Hilfe schreien? Natürlich tut es das. Er ist Gott. Aber ein Gott, der Todesangst und Schmerzen und Tod kennt. Es ist ihm nicht egal. Auch wenn er auf das „Warum“ nicht antwortet.

## 2. Februar – Tag der Darstellung des Herrn im Tempel (Lichtmess)

# Der Herr in seinem Tempel

Siehe, ich will meinen Engel senden, der vor mir her den Weg bereiten soll. Und bald wird kommen zu seinem Tempel der Herr, den ihr sucht; und der Engel des Bundes, den ihr begehrt, siehe, er kommt!

Maleachi 3,1

Ganz schön aufregend für Eltern ist das, wenn sie ihr Kind zum ersten Mal mit in die Kirche nehmen. Ein bisschen aufgeregt und ein bisschen stolz, ein bisschen erleichtert und ein bisschen unsicher fühlen sie sich. „Und wenn es nun schreit?“

Abgesehen davon, dass Neugeborene eher schlafen als schreien, hat sich in dieser Hinsicht ja überhaupt viel verändert in den letzten Jahrzehnten. Innerhalb einer Generation ist es möglich geworden, dass Mütter ein paar Stunden nach der Geburt aufstehen, ihre Tasche und das Baby nehmen und sich nach Hause begeben. Vorbei sind die Zeiten, in denen Babys vor allem Ruhe zu brauchen schienen, das Kind kommt mit, auch in die Kirche.

Wann haben Maria und Josef den kleinen Jesus eigentlich zum ersten Mal mit in den Tempel genommen? Die Bibel erzählt es uns sogar: Vierzig Tage nach der Geburt, wie es das Gesetz des Alten Bundes verlangte. Zum einen musste jeder erstgeborene Sohn, der als solcher eigentlich Gott gehörte, sozusagen von den Eltern ausgelöst, zurückerworben werden von Gott. Das ist die sogenannte Darstellung eines Kindes. Vierzig Tage galt eine Frau außerdem als „unrein“ nach der Geburt eines Sohnes, das hat etwas mit den Reinheitsvorschriften des Judentums zu tun. In dieser Zeit war sie quasi vom Kult ausgeschlossen. Nach diesen vierzig Tagen brachte sie ein sogenanntes Reinigungsopfer dar und damit war die Sache beendet. Diese religiöse Pflicht hat Maria erfüllt. Und so kommt also Gott selbst zu seinem Tempel, wie es der Prophet Maleachi vorausgesagt hat. Bloß, wer hätte gedacht, dass Gott so kommt, auf dem Arm seiner Mutter, ein hilfloser Säugling?

Nicht etwa der Hohepriester hat den Herrn feierlich im Tempel begrüßt, nein, es waren zwei alte Leute, Simeon und Hanna, die angeregt durch Gottes Geist dieses Kind als das Licht der Heiden, den Preis des Volkes Israel und die Erlösung Jerusalems bezeugen.

So kommt Gott. So alltäglich, so unscheinbar. Und doch so wirklich. Das können wir uns gesagt sein lassen, 40 Tage nach Weihnachten, wenn aller Glanz und alle Festfreude schon unendlich weit weg sind.

Der 2. Februar wird mit traditionellem Namen auch „Lichtmess" genannt, weil in der römisch-katholischen Kirche an diesem Tag die Kerzen für den liturgischen Bedarf geweiht werden. Sie sind ein Hinweis auf das Licht der Heiden. Mit diesem Tag endet nach altem Brauch auch die Weihnachtszeit endgültig. Aber Gott hört nicht auf, zu den Menschen zu kommen. Oft so unbeachtet und schlicht wie er zu seinem Tempel gekommen ist. Gott macht seine Verheißungen wahr. Immer. Aber nicht immer so, wie wir es uns vorgestellt hätten.

## 5. Sonntag vor der Passionszeit

# Alles kommt ans Licht

Darum richtet nicht vor der Zeit, bis der Herr kommt, der auch ans Licht bringen wird, was im Finstern verborgen ist, und das Trachten der Herzen offenbar machen wird. Dann wird auch einem jeden von Gott Lob zuteilwerden.

1. Korinther 4,5

Also da bin ich mir ja nicht so sicher. Ich glaube ehrlich gesagt nicht, dass ich ein Lob verdient hätte, wenn jemand ans Licht bringen würde, was ich alles so denke und tun möchte. Wenn irgendjemand rauskriegt, was das Trachten meines Herzens ist, na dann Gute Nacht.

Aber worum geht es Paulus an dieser Stelle seines Briefes wirklich? Dem Zusammenhang nach geht es um das „Richten", also das Beurteilen, Bewerten und Verurteilen von Mitchristen. Dazu schreibt der Apostel, dass es ihm nicht wichtig ist, was die Gemeinde in Korinth oder ein weltliches Gericht über ihn sagt, ja dass er sogar darauf verzichtet, sich selbst zu bewerten. Und das rät er auch den Lesern seines Schreibens. Sie sollen nicht „vor der Zeit" ein Urteil über andere Menschen fällen. Also nicht vor der Zeit, wenn Jesus wiederkommt und dann erst alle Karten auf dem Tisch liegen werden. Paulus sagt: Wenn ihr jetzt urteilt, ist es ein Fehlurteil, denn ihr kennt nicht alle Tatsachen. Ihr wisst nichts über die verborgenen Motive, die jemand hat. Kurzum, ihr habt keine Ahnung, warum jemand tut, was er tut und ihr wisst auch nicht, was er wirklich getan hat oder nicht.

Paulus will hier also nicht drohen nach dem Motto: „Am Ende kommt alles raus und dann …", sondern er äußert eigentlich einen positiven Gedanken. Gottes Gerechtigkeit und Allwissenheit, bedeutet ja auch, dass Menschen am Ende doch noch Gerechtigkeit widerfährt, die von anderen Menschen keine gewährt bekommen haben. Wie gut, dass Jesus auch das wertschätzen wird, was wirklich gut gemeint, aber dann schlecht gemacht war. Wie schön, dass Jesus auch das Gute zur Sprache bringen wird, das jemand unbemerkt getan hat. Wie tröstlich, dass er die selbstsüchtigen Motive aufdecken wird, aus denen Menschen oft Gutes tun.

An uns ist es nur, nicht zu vergessen, dass wir weder allwissend noch unbestechlich in unserem Urteil sind. Und das Urteilen deshalb lieber bleiben lassen …

## 4. Sonntag vor der Passionszeit

# Verklärung Jesu

Und als sie vom Berge hinabgingen, gebot ihnen Jesus und sprach: Ihr sollt von dieser Erscheinung niemandem sagen, bis der Menschensohn von den Toten auferstanden ist.

Matthäus 17,9

Gefühlt geht es aber schnell mit dem Kirchenjahr. Gerade war noch Weihnachten, jetzt ist schon von Auferstehung zu Ostern die Rede. Man hat ja geradezu das Gefühl, die biblischen Lesungen hielten mit dem Süßwarensortiment in den Supermärkten Schritt, wo die Weihnachtsmänner aus und die Osterhasen eingeräumt werden.

Wenn der Ostertermin sehr früh im Jahr liegt, ist die Epiphaniaszeit kürzer. Dann kommt man schneller beim 4. Sonntag vor der Passionszeit an, an dem eine geheimnisvolle Geschichte eine Rolle spielt. So geheimnisvoll ist sie, dass Jesus zunächst verboten hatte, darüber zu reden. Es war ja auch kein öffentliches Ereignis; nicht mal alle Jünger durften dabei sein, nur Petrus, Johannes und Jakobus. Die auch die Auferweckung der Tochter des Jaïrus miterleben durften und die Jesus mit in den Garten Gethsemane nahm.

Mit ihnen ging Jesus auf einen sehr hohen Berg. Die Legende erzählt, es sei der Berg Tabor gewesen. Dieser liegt in Galiläa, gar nicht so weit von Nazareth, und ist eine ziemlich auffällige Erscheinung als einzelne Erhebung am Rand der Jesreelebene 588 Meter hoch. Ein Berg schlechthin, man kann sich gut vorstellen, dass die Überlieferung richtig ist und die geheimnisvollen Ereignisse dort stattfanden. Als die vier nun auf dem Berg waren, ging mit Jesus eine Verwandlung vor sich. Die Erzählung der Evangelisten verrät, dass sie sehr um Worte ringen müssen. Das Gesicht Jesu strahlte wie die Sonne, seine Kleider wurden leuchtend weiß. Plötzlich wurden Mose und Elia sichtbar neben ihm, wie sie mit ihm sprachen. Zunächst war das alles so schön und lichterfüllt, dass Petrus, wie es so seine Art war, als erster das Wort ergriff und vorschlug, an diesem Ort zu bleiben und Hütten zu bauen für Jesus, Mose und Elia. Doch dann wurde die Szene eingehüllt durch eine Lichtwolke aus der die Jünger die Stimme Gottes hörten: „Das ist mein geliebter Sohn, den sollt ihr hören.“ Die Jünger stürzten von plötzlicher Angst erfüllt zu Boden. Was sie erlebten war nichts weniger als eine Gotteserscheinung oder Gottesbegegnung, wie Mose und Elia sie gehabt hatten, übrigens auch auf Bergen. Und diese dem Gottessohn vertrautesten Jünger reagieren wie alle Menschen in der Bibel in gleicher Lage. Sie fürchten sich. Darum auch hier die Worte: „Fürchtet euch nicht.“ Jesus berührt sie, richtet sie auf. Erst da wagen sie wieder hinzusehen und sehen nur noch Jesus allein.

Man kann sich vorstellen, dass die Jünger ziemlich erschüttert waren. Kurz vor dieser Geschichte hatte Petrus es ausgesprochen: „Du bist Christus, der Sohn des lebendigen Gottes.“ Nun hat Jesus ihm gezeigt, was das heißt und der Vater hat das Bekenntnis des Petrus bestätigt. Die drei Jünger wurden Zeugen einer Epiphanie, einer Gotteserscheinung. Für einen Moment, sozusagen als Gipfelerlebnis hat Jesus sie seine Göttlichkeit sehen lassen. Und dann bekommen sie den Befehl, bis zur Auferstehung nicht davon zu sprechen.

Es hört sich so an, als könnten sie vom einen Höhepunkt, der Verklärung, ganz schnell zum nächsten, nämlich Ostern, kommen. Aber dazwischen muss ihr Herr erst einmal durch das tiefe Tal der Todesschatten. Und da hat dieses wunderbare Erlebnis zu mindestens Petrus nicht davor bewahrt, einzuschlafen, gewalttätig zu werden, seinen Herrn zu verleugnen und abzuhauen. Aber später konnte er schreiben: „Wir sind nicht ausgeklügelten Fabeln gefolgt, als wir euch kundgetan haben die Kraft und das Kommen unseres Herrn Jesus Christus, sondern wir haben seine Herrlichkeit selber gesehen Denn er empfing von Gott, dem Vater Ehre und Preis durch eine Stimme, die von ihm kam von der großen Herrlichkeit: Dies ist mein lieber Sohn, an dem ich Wohlgefallen habe. Und diese Stimme haben wir gehört vom Himmel kommen. als wir mit ihm waren auf dem heiligen Berge.“ (2. Petrus 1,16–18)

Für mich bedeutet das: wenn Gott uns etwas von seiner Herrlichkeit erkennen lässt, wir mit ihm Wunderbares erleben oder etwas von ihm begreifen, dient das nicht zu unserer eigenen Vervollkommnung, auf die wir uns etwas einbilden können, sondern damit wir seine Zeugen sind, wenn der Zeitpunkt gekommen ist. Damit wir von dem reden können, was wir selber gehört und gesehen haben. Solche besonderen Momente sind nicht die Regel, sondern die Ausnahme.

Gott mutet uns den Abstieg vom Gipfel zu. Die biblischen Lesungen des Kirchenjahres schicken uns erst einmal durch die Fasten und Passionszeit. Aber wir nehmen das Licht von Weihnachten und Epiphanias mit. Bis die Ostersonne aufgeht. Als Gott seinen Sohn auferweckte, hat er den Glauben an ihn unüberbietbar bestätigt.

## 3. Sonntag vor der Passionszeit: Septuagesimä

# Unverdiente Gnade

So werden die Letzten die Ersten und die Ersten die Letzten sein.
Matthäus 20,16

Eine halb lustige, halb ernste Erinnerung aus meiner Grundschulzeit fällt mir wieder ein: „Eine Klassenlehrerin bemühte sich besonders um ein Mädchen und zog es in gewisser Weise den anderen Kindern vor. Das störte weniger die anderen Kinder als deren Eltern. „Die Lehrerin hat ein Lieblingskind! Das darf sie nicht." Dahinter stand unausgesprochen der Vorwurf: „Warum ist mein Kind nicht das Lieblingskind? Wo es doch so viel niedlicher und gescheiter ist als die anderen?"

Sehr viel später haben wir Kinder erfahren, in welch schwieriger familiärer Situation sich das vermeintliche „Lieblingskind" damals befand, warum es also besondere Aufmerksamkeit und Nachsicht brauchte. Die vermeintliche Ungerechtigkeit war gar keine.

Jesus musste seinen Zuhörern auch einmal eine Geschichte von vermeintlicher Ungerechtigkeit erzählen. Seine Hinwendung zu den Ausgestoßenen, den Kranken und Sündern provozierte regelmäßig diejenigen, die sich für die rechtmäßigen „Lieblingskinder" Gottes hielten. Jesus reagierte mit einer Geschichte, in der ein Arbeitgeber allen Tagelöhnern den gleichen Lohn zahlt, obwohl manche nur eine Stunde, manche aber zwölf Stunden und manche irgendetwas an Stunden dazwischen gearbeitete hatten. Und dann stellt er klar. Wenn der Arbeitgeber allen das Gleiche auszahlt, dann ist das seine Sache. Den Schaden von der Ungerechtigkeit hat er selbst.

Viele kennen diese Geschichte und der letzte Satz darin von den Ersten und den Letzten ist sogar sprichwörtlich geworden. Aber leider steckt der Ehrgeiz und das Vergleichen sehr tief in uns. Wer neu in einer Firma anfängt, achtet darauf, wie die Hierarchien aufgebaut sind Wer ist maßgeblich? Wessen Meinung zählt? Mit wem lässt man sich besser nicht ein? Man muss schnell herausfinden, wer die Ersten sind, sonst gehört man ganz schnell mit zu den Letzten. Jesus hat diese Spielchen nicht mitgespielt. Selbst wenn es objektive religiöse Gründe gab, jemanden für „das Letzte" zu halten, hat er diese letzten als erste ins Reich Gottes eingeladen. Und er hat mit seinem Tod den Schaden dieser gnädigen Ungerechtigkeit selbst getragen.

Auch in der christlichen Kirche gibt es immer wieder das Murren über vermeintliche Ungerechtigkeit. Da ist zum Beispiel jemand, der viel Zeit, Kraft und Geld in seine Gemeinde investiert. Wenn er dafür nie ein anerkennendes Wort hört ist das traurig. Wenn dieser Mensch nun sogar im Krankenhaus liegt und der Pfarrer besucht ihn nicht, wird er sich zu Recht ärgern. Zu Unrecht ärgert er sich aber, wenn sein Pfarrer ihn zwar besucht, danach aber auch noch zu einem anderen Gemeindeglied geht, das schon seit Jahrzehnten weder persönlich erschienen ist noch sich finanziell beteiligt hat. Und noch mehr zu Unrecht wäre es, wenn er gar nicht krank oder in anderer Not wäre, sich aber ärgerte, weil der Pfarrer so viele Mühselige und Beladene zu besuchen hat, dass er gar nicht zu ihm kommen kann. Obwohl er es doch am meisten verdient hätte.

Jeder bekommt gerne Aufmerksamkeit und Wertschätzung. Das ist nicht falsch und mittlerweile hat es sich auch in kirchlichen Kreisen herumgesprochen, dass eine angemessene Dankeskultur wichtig ist. Aber die grundsätzlichen Maßstäbe im Reich Gottes sind andere. Gottes Lieblingskinder sind die, die ihn am meisten brauchen. Die meiste Aufmerksamkeit in der Kirche sollen die bekommen, die sie am meisten nötig haben. Das hat übrigens schon Luther so gesagt in den 95 Thesen: „Der wahre Schatz der Kirche ist das allerheiligste Evangelium von der Herrlichkeit und Gnade Gottes. Dieser Satz ist wahrhaftig allgemein verhasst, weil er aus Ersten Letzte macht. Der Schatz des Ablasses ist wahrhaftig außerordentlich beliebt, weil er aus Letzten Erste macht."

## 2. Sonntag vor der Passionszeit: Sexagesimäe

# Das Wort Gottes

Dein Wort ist meines Fußes Leuchte und ein Licht auf meinem Wege.
Psalm 119,105

Die Schriftstellerin Astrid Lindgren erzählte einmal, wie sehr die umgebende Natur ihre Fantasie geprägt und mit Bildern gefüllt habe als Kind: „Auf dem zum Hof gehörenden Land war auch all das angesiedelt, was sich in unserer Fantasie abspielte. Alle Sagen und Märchen, alle Abenteuer, die wir uns ausgedacht, gelesen oder gehört hatten, spielten sich nur dort ab, ja selbst unsere Lieder und Gebete hatten dort ihren angestammten Platz. So begann ‚Ein reines Herz …' beispielsweise an der Holzschuppenecke und hörte am Graben hinter dem Waschhaus auf, das stand für mich jedenfalls fest. Als ich dies aber einmal zufällig und als allgemein bekannte Tatsache meinem Bruder Gunnar gegenüber erwähnte, rief er bestürzt aus: „Ja, bist du denn verrückt? ‚Ein reines Herz' geht doch hinterm Kuhstall lang!"

Als wir im Praktisch-Theologischen Seminar einmal zur Übung in Predigtlehre alle sagen sollten, welche Bilder in uns aufsteigen, wenn wir das Wort von der Leuchte des Fußes und dem dunklen Weg hören, machten wir eine verblüffend ähnliche Erfahrung wie Astrid Lindgren. Diese Bilder haben einen konkreten Ort. „Wenn ich den Weg von der U-Bahnstation gegangen bin, abends im dunklen Wald, ihr wisst schon, da wo es so steil ist bei der Abkürzung, da habe ich immer das Licht vom Handy auf den Boden gerichtet, damit ich nicht stolpere. Das war meines Fußes Leuchte", sagte einer. Wir nickten. Die meisten von uns hatten den gleichen Waldweg vor sich gesehen. „Ach so, jetzt verstehe ich das, was das mit den Füßen zu tun hat. Man will ja nicht den Wald ausleuchten, sondern den Weg sehen, jedenfalls die nächsten Schritte", antwortete ein anderer. „Ich hab immer gedacht, ‚Fußes Leuchte' bedeutet, man geht auf das Licht zu auf dem dunklen Weg und hat dadurch Orientierung. Oder hättet ihr jemals eine Taschenlampe benutzt, um zum Lagerfeuerplatz zu gehen", erzählte ein Dritter.

Auf diese Weise erschlossen wir uns dieses Bibelwort. Vielleicht wollen Sie es auch mal probieren? Wie sieht der Weg und die Lichtquelle bei Ihnen aus? Und was bedeutet es dann, dass es in diesem Psalm um Gottes Wort geht?

Dunkle Wege im Leben kennen wir. Der eine mehr, der andere weniger. Auch da sind unsere Erfahrungen nicht gleich. Manche haben dann die Erfahrung gemacht, dass Gottes Wort ihnen ein Licht war. Vielleicht gab es einen Bibelvers, an dem sie sich festgehalten haben, ihn in schweren Stunden vor sich hin sagten. Oder eine Geschichte, die ihnen Hoffnung vermittelt hat. Vielleicht aber auch ein mahnendes Wort der Bibel, das wie ein Geländer auf dem dunklen Weg gewirkt hat. Allerdings steht uns Gottes Wort nicht einfach zur Verfügung wie eine Taschenlampe, die man an und aus knipsen kann nach Bedarf. Schnell ein Bibelwort und das Problem ist gelöst, göttliches Flutlicht überall. Nein, manchmal erhalten wir auf alle Fragen an Gott und sein Wort nur die Antwort, die Jesus dem Petrus gegeben hat: „Was ich tue, das verstehst du jetzt nicht; du wirst es aber hernach erfahren“ (Johannes 13,7).

Auch das Ausleuchten des dunklen Weges für einen anderen erfordert viel Weisheit. Ich will ihn ja nicht mit meiner fantastischen Glaubensstärke und Bibelkenntnis blenden, indem ich in jeder Lage einen passenden Bibelvers beizutragen habe, sondern womöglich nur die allernächsten Schritte etwas erhellen, damit er nicht stürzt.

Und wenn der Weg trotzdem ziemlich düster aussieht? Ehrlich gesagt, mir fehlen die Antworten. Aber der Austausch über die inneren Bilder dazu, hat mich auf eine Idee gebracht: Ja, der Weg war dunkel. Aber es war der Weg nach Hause.

## Sonntag vor der Passionszeit: Estomihi

# Vorbereitung auf die Passion

Und er redete das Wort frei und offen. Und Petrus nahm ihn beiseite und fing an, ihm zu wehren.

Markus 8,32

Jesus ist hier ganz offen zu seinen Jüngern. Er sagt ihnen, wie sein weiterer Weg aussehen wird. Er verschweigt nicht, dass dieser Weg ins Leiden führen wird, aber auch durch das Leiden hindurch zur Auferstehung am dritten Tag. Aber soweit hat Petrus ihm offensichtlich gar nicht zugehört. Petrus sieht nur die Schrecken, die auf Jesus warten, und will ihm das furchtbare Ende am Kreuz ersparen.

„Jesus, das musst du dir doch nicht antun! Hey, du bist Gott! Komm schon, dir fällt noch ein anderer Weg ein." Nun, offenbar fiel Gott kein anderer Weg ein. Ein Weg, der es nicht nur dem Sohn Gottes erspart hätte, zu sterben, sondern auch den Christen, an einen gekreuzigten Gott zu glauben.

Netter Versuch, Petrus. Nein, es gab keinen Weg am Kreuz vorbei, wie gerne wir uns auch in bester Absicht dagegen wehren.

Vielleicht war ja noch keine Generation seit Kreuz und Auferstehung so gut darin, sich gegen Leiden und Tod, gegen Schmerz und Vergänglichkeit zu wehren wie wir. Die Verdrängungsmechanismen sind perfektioniert buchstäblich bis zum Letzten. Als ob der Tod ein Feind wäre, den man besiegen könnte, wenn man sich nur genügend bemühte. Als ob der christliche Glaube nicht eine bessere Antwort hätte. Paul Gerhardt hat, vom Tod umgeben, gedichtet: Er bleibt ein totes Bild – und wär er noch so wild. Wir können die Vergänglichkeit nicht besiegen, das stimmt. Aber sie ist besiegt, das stimmt auch.

Der Sonntag Estomihi ist der letzte Sonntag „vor den Fasten", also vor der Fastenzeit, die an Aschermittwoch beginnt. Manchmal hat man den Eindruck, als könnten fromme Menschen es gar nicht abwarten, endlich Passionszeit zu haben und darum machen sie die Zeit „vor den Fasten" zur Vorfastenzeit. Andere feiern ausgelassen Karneval. Beides kann dazu führen, wie Petrus nicht darauf zu hören, was Jesus sagt. Jahr für Jahr wird es uns nicht erspart, uns den eigenen Dunkelheiten und der Finsternis der Sünde, die Gottes Sohn umbringt, zu stellen. Aber auch uns wird es jedes Jahr gesagt: … und auferstehen am dritten Tag. Das darf einen schon jetzt fröhlich machen.

Herr stärke mich, dein Leiden zu
bedenken,
mich in das Meer der Liebe zu
versenken,
die dich bewog von aller Schuld
des Bösen
uns zu erlösen.

Christian Fürchtegott Gellert

Gnädiger Gott und Herr, hilf mir
in dieser Fastenzeit
das loszulassen, was mich
daran hindert, aus deinem Wort
zu leben, im Gebet mit dir zu
sprechen und auf dich zu hören.
Mache mich frei von
Trägheit und Müdigkeit.
Bewahre mich in den
Versuchungen des Lebens und
mache mich zu einem Zeugen
deiner vergebenden
Liebe. Amen

## Aschermittwoch

# Fasten

Wenn du aber fastest, so salbe dein Haupt und wasche dein Gesicht, damit du dich nicht vor den Leuten zeigst mit deinem Fasten, sondern vor deinem Vater, der im Verborgenen ist; und dein Vater, der in das Verborgene sieht, wird dir's vergelten.

Matthäus 6,17f

„Vergelt's Gott," sagt man in Süddeutschland, wenn man ein Geschenk bekommen oder jemand etwas für einen getan hat. Das soll bedeuten: Gott möge es dir vergelten, Gott soll dir auch etwas Gutes tun dafür. Das ist eine schöne Sitte. Aber der Gedanke, das eigene Verhalten könnte ein Reaktion Gottes nach sich ziehen, Gott würde einem also sowohl Böses als auch Gutes vergelten, der ist zunächst fremd. Allenfalls für das Leben nach dem Tod lassen viele diese Aussage gelten. Wobei Lutheraner betonen, dass sich unser Schicksal im letzten Gericht gerade nicht nach unserem Verhalten, sondern nach unserem Glauben entscheidet.

Wann vergilt Gott denn dann? Man könnte es so sagen: das Böse, das wir tun, trägt die negative Konsequenz schon in sich, das Gute aber auch. Am Beispiel „Fasten" lässt sich das ganz gut beschreiben. Fasten bedeutet, jemand verzichtet aus religiösen Gründen auf etwas. Das ist eine alte geistliche Übung, die die Christen aus dem Judentum übernommen haben. Jesus redet ganz selbstverständlich davon. Und bei dem, was er sagt, merkt man: es geht nicht um eine äußerliche Pflichterfüllung. Dieser Verzicht kann und soll niemandem vorgeschrieben werden. Es hat auch nichts mit der ewigen Seligkeit zu tun. Aber wenn jemand fasten will, dann soll er damit nicht vor anderen angeben.

Manche Christen fasten zum Beispiel von Aschermittwoch bis Ostern, indem sie auf etwas verzichten, das sie gerne tun, z.B. Süßigkeiten essen oder das sie scheinbar brauchen, z.B. Kaffee trinken. Dadurch merkt man ganz schnell, wie oft man sich sonst mit irgendetwas tröstet, belohnt oder ablenkt. Oder man stellt fest, dass man regelrecht abhängig ist von manchen

Sachen. Man stellt auch die eigene Willenskraft auf die Probe. Das alles hat gute Auswirkungen auf das geistliche Leben. Ganz besonders, wenn man dabei den Kontakt zu Gott intensiver gestaltet als sonst.

Denn Fasten ist genau wie Beten zunächst einmal eine Sache zwischen dem Einzelnen und Gott. Genauso wenig wie man hinausposaunen sollte, wie oft und was man betet, soll man sich mit seinem Verzicht hervortun. Es geht nämlich nicht um Anerkennung von außen. Und am allerwenigsten soll man sich Anerkennung durch die Hintertür erschleichen. Das könnte man, indem man zwar nicht erzählt, dass man dieses oder jenes momentan nicht isst oder nicht tut, aber trotzdem sein Umfeld durch eine spezielle Leidensmiene darauf aufmerksam macht.

Das meint Jesus wenn er davon redet, dass Fasten in die Verborgenheit der Gottesbeziehung gehört. Welche positiven Auswirkungen Gott das dann haben lässt, ist sicher individuell verschieden. Aber wir könnten es ja mal ausprobieren …

## 1. Sonntag der Passionszeit – Invokavit

# Versuchung

Ja, sollte Gott gesagt haben: Ihr sollt nicht essen von allen Bäumen im Garten?
1. Mose 3,1

Im Freundeskreis herrschte Fassungslosigkeit. Eine Frau wurde nach über zwanzig Jahren Ehe von ihrem Mann verlassen. Er hatte genug vom Ärger mit den pubertierenden Kindern und seiner deswegen erschöpften Frau. Er wolle endlich leben, hatte er gesagt. „Wenn der so einfach geht, wer sagt mir, dass mein Mann das nicht auch irgendwann tut? Man kann sich auf nichts mehr verlassen, egal was jemand gesagt oder versprochen hat. Es gibt keine Sicherheit." fasste eine Freundin der Familie ihre eigenen Ängste in Worte.

„… egal was jemand gesagt oder versprochen hat." Diese Worte gehen mir noch nach. Wie selbstverständlich ist es uns geworden, dass Worte nicht bedeuten, was sie sagen. Wie sehr haben wir uns daran gewöhnt, dass Aussagen und Versprechen nicht unbedingt wahr sind. Ist es nicht üblich geworden, möglichst keine verbindlichen Äußerungen zu machen?

Schon in den Herzen der ersten Menschen fiel das Misstrauen auf fruchtbaren Boden. Sollte Gott gesagt haben …? Ich denke oft: wie soll denn heute jemand glauben können, dass Gottes Worte anders sind, als die Worte, die uns ansonsten umgeben. Sollte Gott es ernst meinen, was er gesagt hat?

Wer in den Worten Gottes das „Du sollst nicht …" hört, spürt sehr schnell auch das schlangenhaft-sich-windende der Versuchung: Wer weiß, ob Gott etwas dazu gesagt hat? Und wenn, hat er vielleicht etwas anderes gemeint. Und wenn nicht, hat er mir ja eigentlich gar nichts zu sagen.

Es sieht so aus, als ob Gottes Widersacher, der Teufel, seine Methoden bis heute nicht besonders variiert. Jesus hat ihn nicht umsonst einen „Lügner und Vater der Lüge" genannt. Lüge und Misstrauen bedingen einander und darum sind dies seine bevorzugten Angriffsweisen.

Nicht immer geht es dabei darum, uns zu etwas Bösem zu verleiten. Noch gefährlicher ist es, wenn nicht nur die Gebote, sondern auch die Zusagen Gottes plötzlich durch das „Sollte Gott gesagt haben …“ ungewiss zu werden drohen. Menschlich erleben wir es zu oft, dass Versprechen gebrochen und Gesagtes zurückgenommen wird. Es gibt keine Sicherheit. Würden wir das auch so sagen?

Und was kann uns trotzdem dazu bringen, Gott Glauben zu schenken? Was könnte uns helfen, zu vertrauen? Manchmal sicher die menschliche Erfahrung, dass Wahrhaftigkeit durchaus noch gelebt wird. Aber der ehrliche Blick ins eigene Herz zeigt uns auch, dass es nur ein winziger Schritt ist, der uns von der Lüge, der Treulosigkeit, der Täuschung trennt. Auf uns selbst ist kein Verlass.

Als Jesus den Versuchungen des Teufels ausgesetzt war, hat er sich von sich selbst und allen verständlichen Bedürfnissen und Wünschen weg und ganz Gottes Wort zugewandt. Im Gegensatz zu Eva im Paradies lässt Jesus sich nicht auf eine Diskussion mit dem Versucher ein. „Es steht geschrieben!“ Aber halt, diskutieren, wird man ja wohl noch dürfen, ja man muss es sogar! Oder? Mir kommt die Frau in den Sinn, die sich fragte, ob sie sich denn eigentlich noch auf die Worte und Versprechen ihres Mannes verlassen kann. Auch in ihrem Fall könnten diese misstrauischen Gedanken für ihre Beziehung tödlich enden. Sie kann aber auch die Entscheidung treffen, die innere Diskussion zu beenden und ihrem Mann und seinem Versprechen zu glauben. Bei Menschen bleibt ein Restrisiko. Bei Gott aber nicht. Er hat es gesagt. Es steht geschrieben.

## 2. Sonntag der Passionszeit – Reminiszere

# Rechtfertigung des Sünders

Gedenke, Herr, an deine Barmherzigkeit und an deine Güte, die von Ewigkeit her gewesen sind. Gedenke nicht der Sünden meiner Jugend und meiner Übertretungen, gedenke aber meiner nach deiner Barmherzigkeit, Herr, um deiner Güte willen!

Psalm 25,6f

Der zweite Sonntag in der Fastenzeit heißt Reminiszere. Das ist Latein und bedeutet: Gedenke! Es geht aber nicht um einen irgendwie gearteten „Denkzettel" für Menschen, sondern um eine Aufforderung, eine Bitte an Gott. Seinen Namen hat der Sonntag Reminiszere vom Eingangspsalm des Gottesdienstes an diesem Tag, wie Sie ihn hier lesen können.

Der Beter bittet Gott, er mögen an etwas denken und etwas vergessen, also nicht mehr daran denken. Vergessen soll Gott die Fehler, die der Mensch in der Vergangenheit gemacht hat. Denken soll Gott an seine eigene Barmherzigkeit und Güte. Das ist ein interessanter Gegensatz: Gott wird nicht aufgefordert, an die guten Taten des Beters zu denken, die seine Jugendsünden und die Übertretungen vielleicht aufwiegen könnten.

Gott wird hier an sein innerstes Wesen erinnert. Er soll sich selbst treu bleiben in seiner Vergebungsbereitschaft und barmherzigen Liebe.

Wir Menschen machen oft einen Unterschied zwischen Vergeben und Vergessen. Erstens können wir wohl nicht anders und zweitens ist die Erinnerung an gemachte Fehler wichtig, um etwas daraus zu lernen. Und wer das Opfer eines schweren Fehlverhaltens geworden ist, der kann vielleicht irgendwann vergeben vergessen vielleicht niemals.

Bei Gott ist das anders. Bei ihm ist vergeben gleich vergessen. Er gedenkt nicht an die vergangenen Sünden und darum muss der Mensch, der Gott dafür um Vergebung gebeten hat, es auch nicht mehr tun. Gottes Freispruch macht wirklich frei.

Nach dir, Herr, verlangt mich.
Mein Gott, ich hoffe auf dich; lass mich nicht zuschanden werden, dass meine Feinde nicht frohlocken über mich.
Denn keiner wird zuschanden, der auf dich harret;
aber zuschanden werden die leichtfertigen Verächter.
Herr, zeige mir deine Wege
und lehre mich deine Steige!
Leite mich in deiner Wahrheit und lehre mich!
Denn du bist der Gott, der mir hilft; täglich harre ich auf dich.
Gedenke, Herr, an deine Barmherzigkeit und an deine Güte,
die von Ewigkeit her gewesen sind.
Gedenke nicht der Sünden meiner Jugend
und meiner Übertretungen, gedenke aber meiner nach deiner Barmherzigkeit, Herr, um deiner Güte willen!
Der Herr ist gut und gerecht;
darum weist er Sündern den Weg.
Er leitet die Elenden recht
und lehrt die Elenden seinen Weg. (Psalm 25,1–9)

## 3. Sonntag der Passionszeit – Okuli

# Nachfolge

Jesus aber sprach zu ihm: Wer die Hand an den Pflug legt und sieht zurück, der ist nicht geschickt für das Reich Gottes.

Lukas 9,62

Ich habe noch nie gepflügt. Die meisten von Ihnen vermutlich auch nicht. Und auch die meisten Landwirte haben heutzutage den Pflug nicht mehr in der Hand. Trotzdem habe ich einen Landwirt gefragt, warum man beim Pflügen nicht zurück schauen darf. Antwort: Auch wenn der Pflug heutzutage hinter dem Schlepper hängt, muss man beim Lenken ziemlich unbeirrt nach vorne schauen, weil man sonst keine geraden Furchen zieht. Ein Trick ist wohl, sich einen Punkt am Ende des Feldes auszusuchen und sich daran zu orientieren. Ein Kontrollblick nach hinten, ob man denn tatsächlich gerade fährt, ist aber trotzdem ab und zu geboten. Bloß grundsätzlich muss man sich beim Pflügen nach vorne ausrichten.

Aha, dann verstehe ich Jesus schon besser. Der Evangelist Lukas überliefert diese Worte als Schlusssatz einer Reihe von drei Gesprächen, in denen es um das Thema Nachfolge geht. Zuerst bietet sich einer Jesus als Nachfolger an. Jesus macht ihn auf die unbequemen Konsequenzen eines Lebens mit ihm aufmerksam. Den Nächsten bittet Jesus, ihm zu folgen. Der sagt zwar prinzipiell ja, müsse aber erst noch seinen Vater beerdigen. Jesus weißt ihn auf die radikal neue Aufgabe hin, das Reich Gottes zu verkündigen, die Vorrang hat. Der dritte möchte nun wieder von sich aus nachfolgen, aber er braucht noch Zeit, um sich von seiner Familie zu verabschieden. Jesus rät ihm mit dem Bild des Pflügens, konsequent nach vorne zu schauen.

Warum ist das so nötig? Zum einen natürlich ganz bildlich, weil man beim Nachfolgen auf den schauen muss, der vor einem geht. Sonst ist es ja kein nach-folgen. Das kann nicht rückwärtsgewandt funktionieren.

Wir stellen es uns ja manchmal so viel einfacher vor, wenn man wirklich buchstäblich hinter Jesus herlaufen könnte. Aber das war es wohl nicht, wie die Beispiele zeigen. Das, was vor der Auferstehung und Himmelfahrt Jesu

Nachfolge hieß, nennen wir nun Glauben. Und beim Glauben kommt es darauf an, nach vorne, auf Jesus, auf das kommende Gottesreich zu schauen. Wer abgelenkt in der Gegend umher guckt, hält keine gerade Spur. Wer nur mit der Vergangenheit beschäftigt ist, die hinter ihm liegt, fährt Schlangenlinien in seinem Glauben. Nochmal ein wichtiger Hinweis vom Landwirt: „Wenn du dich rumdrehst, nimmst du das Steuer automatisch mit, das kann man kaum verhindern."

Aber was ist dann mit dem Kontrollblick? Der ist am Sonntag Okuli, in der Mitte der Fastenzeit, doch eigentlich nicht verkehrt? Die Frage ist, ob das Zurückschauen der Vergangenheit dient oder der Zukunft. Das Reich Gottes ist angebrochen in der Person Jesu. Nachfolge ist Glauben und damit Beziehung. Diese Beziehung hat Priorität weil sie Gegenwart und Zukunft bestimmt.

## 4. Sonntag der Passionszeit – Lätare

# Jesu Tod für uns

Wahrlich, wahrlich, ich sage euch: Wenn das Weizenkorn nicht in die Erde fällt und erstirbt, bleibt es allein; wenn es aber erstirbt, bringt es viel Frucht. Wer sein Leben lieb hat, der verliert es; und wer sein Leben auf dieser Welt hasst, der wird's bewahren zum ewigen Leben.

Johannes 12,24f

Von wem redet Jesus hier eigentlich? Und wie „erstirbt" ein Weizenkorn? Manchmal werfen Bibelworte, die man eigentlich gut zu kennen glaubt, einige Fragen auf.

Wir können zunächst davon ausgehen, dass Jesus mit diesen Worten zuerst einmal sich selbst meint. Er ist wie ein Weizenkorn, das ausgesät wird. Ein Weizenkorn fällt in die Erde, dann keimt es, es wächst eine neue Pflanze und in der Ähre der neuen Pflanze sind wieder Weizenkörner. Also hat es sich für den Landwirt gelohnt, das Saatgut auszubringen, statt es zu behalten und Mehl daraus zu machen. Das ausgesäte Weizenkorn allerdings ist dann nicht mehr vorhanden.

Das meint Jesus mit „ersterben". Haben Sie schon einmal eine Kastanie ausgegraben im Garten, die schon gekeimt hat? Das, was einmal eine glänzende, glatte braune Kugel war ist ein matschiges schwarzbraunes Etwas geworden. Aber ein zartgrüner Keim kommt daraus hervor, der ein ganz riesiger Kastanienbaum werden kann.

So etwa ist das auch mit dem Tod Jesu, deshalb hat er es seinen Jüngern ja mit diesem Bild erklärt. Aus dem Tod dieses Einen kommt als Frucht das Leben für Viele. Ohne den Prozess des Sterbens geht es nicht. Der Sohn Gottes hätte das Leben behalten können, aber dann wäre er allein geblieben. Aber Gott wollte die Ewigkeit nicht ohne uns verbringen.

Freiwillig ist Jesus den Weg des Sterbens und Vergehens gegangen. Das ist ein unfassbares Wunder. Er hat sich ins Grab legen lassen wie ein Weizenkorn in die Erde gelegt wird. Er war wirklich tot.

Aber Gott hat ihn nicht im Tod gelassen. Er hat sein Leben wieder bekommen für immer.

Und was ist mit uns? Sagen diese Worte nicht auch etwas über unser Leben und Sterben aus? Jesus redet ja so, als ob es sich um eine geistliche Regel handelt. Und ist es nicht tatsächlich so? Freilich, kein Mensch kann das Heil der Welt bewirken oder sich so vollkommen hingeben wie Gottes Sohn. Man kann es Selbsterhaltungstrieb nennen oder unausrottbaren Egoismus, ganz frei davon ist niemand. Aber trotzdem kennen wir Beispiele dafür, dass es wahr ist, was Jesus sagt. Wer sich an sein Leben klammert, wer nur an die eigenen Bedürfnisse und den eigenen Vorteil denkt, wer nur auf die Absicherung des eigenen Lebensentwurfs bedacht ist, bleibt allein und es passiert genau das Gegenteil von dem, was dieser Mensch eigentlich will – sein Leben verkümmert, wird sinnlos und vor allem einsam. Umgekehrt erfährt jeder, der schenkt, der loslassen kann, der auf Kosten der eigenen Kraft und Bequemlichkeit anderen hilft, wie aus diesen kleinen und großen Opfern Freude, Gemeinschaft und Sinn entsteht.

Am Ende werden wir alle in die Erde gelegt wie ein Weizenkorn und genauso vergehen. Aber dann wird Gott uns auferwecken und wir sehen die Frucht des ewigen Lebens.

O Wunder groß: Marien Schoß
hat heut das Heil umgeben,
den großen Held, der alls erhält,
der Menschen Trost und Leben.
O Wunderfreud:
Gott selbst wird heut
ein wahrer Mensch empfangen.
Vernunft, Verstand in Gottes
Hand
muss geben sich gefangen.

Johann Olearius

Herr, du hast mir Vernunft
gegeben, mein Leben zu bestehen.
Dafür danke ich dir. Noch mehr
danke ich dir, dass du mir
den Glauben geschenkt hast,
der höher ist als alle Vernunft,
weil er mich aus der Enge nur
menschlicher Logik befreit
und mich in die Weite und
Freiheit eines Lebens in
Vertrauen, Liebe und Hoffnung
führt. Amen

## 25. März – Tag der Ankündigung der Geburt Jesu (Mariä Verkündigung)

# Ankündigung der Geburt Jesu

Und der Engel kam zu ihr hinein und sprach: Sei gegrüßt, du Begnadete! Der Herr ist mit dir!

Lukas 1,28

Es ist bekanntlich nie zu früh, an Weihnachten zu denken. Tut man es nicht, kommt Weihnachten immer so plötzlich.

Dabei geht es bei der biblischen Weihnachtsgeschichte doch um die Geburt eines Kindes. Und eine Geburt geschieht normalerweise nicht plötzlich, sondern mit einem Vorlauf von neun Monaten. Neun Monate! Genau neun Monate vor Weihnachten (25. Dezember) begeht die Kirche am 25. März das Fest „Mariä Verkündigung" oder „Ankündigung des Herrn".

Und dabei geht es um ein biblisches Ereignis, das absolut plötzlich, wenn auch nicht unangekündigt, eintrat. Maria, eine junge Frau aus dem Volk Israel lebt in der kleinen Stadt Nazareth in Galiläa. Sie ist verlobt mit einem Mann namens Joseph. Bereits mit dreizehn oder vierzehn Jahren galt man damals dort als heiratsfähig. Wir wissen nicht, wie alt Maria genau war, aber sie kann noch sehr jung gewesen sein. Die Verlobung im alten Israel bedeutete so etwas Ähnliches wie die standesamtliche Trauung bei uns heute. Rechtlich galten Maria und Joseph schon als verheiratet, es fehlte aber noch die eigentliche Hochzeit. Deshalb lebten die Brautleute auch noch nicht zusammen.

Und dann geschieht das Unerwartete. Maria bekommt Besuch von einem Engel. Offensichtlich befand sie sich im Haus oder in einem Zimmer, denn der Engel kommt zu ihr hinein. Was Maria gerade gemacht hat, als der Engel Gabriel, von Gott gesandt, zu ihr kommt, wissen wir nicht. Die christliche Kunst hat es oft so dargestellt, als habe sie in der Heiligen Schrift gelesen oder gebetet. Das soll ausdrücken: Maria war fromm, sie lebte in den Verheißungen Israels. Martin Luther dagegen meinte, sie sei mit irgendwelcher Hausarbeit beschäftigt gewesen. Er wollte betonen, dass Maria keine besonderen Voraussetzungen mitbrachte, sondern dass es allein auf Gottes Tun und seine Erwählung ankam.

Jedenfalls erschrickt sie über die Begrüßung Gabriels. Da das Neue Testament auf Griechisch verfasst ist, sagt Gabriel zu ihr: Chaire! Das bedeutet: Freue dich, war aber ein ganz alltäglicher Gruß, wie bei uns „Guten Tag". Auf Latein sagt man „Ave!" und so kam das in der katholischen Kirche übliche Gebet „Ave Maria" zu seinem Anfang, es nimmt nämlich die Worte des Engels auf.

Gott ist mit Maria und zwar in unüberbietbarer Weise. Er hat sie auserwählt, die Mutter seines Sohnes zu sein: Jesus ist wahrer Mensch und wahrer Gott, Gottes Sohn und der Sohn der Maria. Aber zunächst hört Maria erst mal: „Du sollst einen Sohn gebären ..." und denkt sich auch, dass eine Geburt kein plötzliches Ereignis ist, sondern neben einer Vorlaufzeit auch eine Vorgeschichte hat und das bringt sie dazu, zurückzufragen: „Wie soll das zugehen, da ich doch von keinem Mann weiß?" Ihr Nachfragen ist nicht ablehnend, es ist mehr eine Verständnisfrage, wie wir heute sagen würden. Denn nachdem sie verstanden hat, dass ihre Schwangerschaft ein Werk des Heiligen Geistes sein wird, es also um Joseph und die natürlichen Vorgänge einer Empfängnis nicht geht, zögert sie nicht, Gottes Plan zu akzeptieren: „Mir geschehe, wie du gesagt hast."

So wird Maria zum Vorbild des Glaubens. Sie ist bereit, Gottes Willen zu erfüllen, sie nimmt sein Wort auf, sie vertraut ihm. Was wir an Weihnachten feiern wie es im Lied heißt: „Gottheit und Menschheit vereinen sich beide, Schöpfer wie kommst du uns Menschen so nah." nimmt seinen Anfang neun Monate vorher. Mitgedacht ist das das Wort des Engels als Gottes Botschaft, das in Gang setzt, was es sagt. Denn das ist es, was Gottes Wort immer tut: es wirkt, was es sagt.

Geht es um Maria? Jedenfalls geht es in dieser Geschichte nicht ohne sie. Aber im tiefsten Sinn ist alles, was über Maria gesagt wird, eine Aussage über Christus. Und darum ist es nicht recht, ihr Dinge zuzuschreiben, die nicht ihr gebühren, sondern ihrem Sohn. Es ist aber auch nicht recht, die Mutter des Herren gering zu achten, weil dadurch verdunkelt wird, wer Christus ist.

In diesem Sinne: Man sollte den 25. März nicht vergessen, die Menschwerdung des Sohnes Gottes hat eine Geschichte ...

## 5. Sonntag der Passionszeit – Judika

# Passion

Aber Jesus rief sie zu sich und sprach: Ihr wisst, dass die Herrscher ihre Völker niederhalten und die Mächtigen ihnen Gewalt antun. So soll es nicht sein unter euch; sondern wer unter euch groß sein will, der sei euer Diener; und wer unter euch der Erste sein will, der sei euer Knecht, so wie der Menschensohn nicht gekommen ist, dass er sich dienen lasse, sondern dass er diene und gebe sein Leben als Lösegeld für viele.

Matthäus 20,25–28

Mit einem lauten Knall fliegt die Tür ins Schloss. Wie der letzte sächsische König bei seiner Abdankung rauscht der Türenknaller mit den Worten „Dann macht doch euren Dreck alleine!" aus dem Sitzungsraum. „Der hat aber auch Allmachtsphantasien …", kommentiert ein derartig Zurückgelassener die Situation.

Allmachtsphantasien – wer hat die nicht? Nicht nur fulminante „Seht-mal-zu-wie-ihr-ohne-mich-zurecht-kommt"-Abgänge kann man immer wieder erleben. Es gibt auch die etwas zivilisiertere Überzeugung, die Welt würde sich augenblicklich aufhören zu drehen, wenn ich nicht hochkonzentriert für das Gegenteil sorgte. Und wehe, wenn das nicht honoriert wird.

Der Wunsch nach Anerkennung steckt in jedem Menschen, ebenso die Freude daran, selbst etwas zu gestalten und zu beeinflussen. Doch es gibt auch ein „Zuviel" in dieser Hinsicht. Geltungssucht und Machtstreben sind böse Zwillinge. Und sogar bei den Jesusnachfolgern gar nicht selten anzutreffen.

Zu Jesus kamen Jakobus und Johannes. Die Brüder zählten mit Petrus schon zu den „Lieblingsjüngern." Aber da geht doch noch ein bisschen mehr, dachten sie und beantragten die Ehrenplätze rechts und links von Jesus an der himmlischen Ehrentafel. Man könnte gut verstehen, wenn Jesus es angesichts dieser selbstgefälligen Unverschämtheit gemacht hätte wie der letzte sächsische König. „So, Schluss, wenn ihr so gar nichts versteht von dem, was mein Weg ist, dann macht euren Dreck doch alleine. Für euch eitle Idioten werde ich mich nicht opfern."

Aber Jesus handelt nicht wie ein gekränkter König. Er will keine „Basta-Politik". Obwohl er weiß, dass die Welt so funktioniert: Die Herrscher halten ihre Völker nieder und die Mächtigen tun ihnen Gewalt an. Die Jünger wussten das und wir wissen das. Mit Atomwaffen spielende Herrscher, die ihr Volk verhungern lassen oder folternde und mordende Mächtige, die Wehrlosen Gewalt antun haben auch wir vor Augen.

Aber das andere, dass es nämlich bei seinen Jüngern anders sein soll, weil es bei Jesus anders ist – das wissen wir nicht. Wie gern und schnell feiert der Mini-Herrscher in uns seine Triumphe und tyrannisiert andere mit seiner Kontrollsucht und seiner Eitelkeit. Das geht mit Türen-Zuknallen und auf subtilere Weise.

„Bei euch ist es so nicht.", hat der Herr gesagt. Leider doch, fürchte ich. Na klar, äußerliche Insignien der Macht hat die Kirche weitgehend abgelegt. Nicht mal der Papst trägt noch seine dreifache Krone. Aber innerlich? Wenn Jesus uns mit uns selbst allein ließe, würden wir den Weg des Dienens doch freiwillig niemals gehen.

Wir können es nur, weil unser Herr den Weg des Leidens und Dienens für uns bis zum Ende gegangen ist. Ihm gelingt es, den Mini-Mächtigen in uns zum Abdanken zu bringen. Ein paar Allmachtsphantasien weniger unter den Jüngern Jesu – welch ein guter Plan für die restliche Passionszeit.

## 6. Sonntag der Passionszeit – Palmsonntag

# Karwoche

Da sprach Jesus zu ihnen: Meine Seele ist betrübt bis an den Tod; bleibt hier und wachet mit mir!

Matthäus 26,38

Für die einen ist es einfach eine Ferienwoche. Andere nennen sie die Karwoche. Manche sagen Stille Woche dazu oder auch Heilige Woche. Die Tage vom Palmsonntag bis zum Osterfest sind eine besondere Zeit. Das ist eigentlich jedem, der sich Christ nennt, klar. Allerdings oft nur mit dem Kopf. Das Herz und der Rest des Körpers bekommen das gar nicht mit. Eigentlich ist alles wie immer, es kommen halt noch ein paar Gottesdienste dazu, so man denn Kirchgänger ist.

Stellen Sie sich einmal vor, Jesus würde uns heute einmal beiseite nehmen und uns herausholen aus dem Kreisen um Kurzurlaub, Passionskonzert, Schokohasen, Osterfeuer und Familienbrunch. Stellen Sie sich einmal vor, er würde zu uns sagen: Bleibt hier und wacht mit mir.

An der Seite Jesu bleiben, bei ihm bleiben, an dem Ort bleiben, wo er ist. Das ist gar nicht so einfach, weil innerlich und äußerlich so ein Kommen und Gehen herrscht. Das Hin und Her macht müde. Die Seele ist in einen Tiefschlaf gefallen, wir bekommen die Augen des Herzens nicht auf, unsere Gefühle sind betäubt.

So taub ist unser Inneres, dass wir den Schmerz Jesu nicht mitfühlen. Die Erinnerung an das Leiden und Sterben des Gottessohnes ist ein Ritual geworden, das wir im Schlaf beherrschen. Was, wenn wir in diesem Jahr einmal wachbleiben würden?

Was, wenn Jesus uns nicht von seiner Seite lässt und wir den Weg ganz mit ihm gehen, vom Einzug in Jerusalem in den Abendmahlssaal und den Garten Gethsemane, ans Kreuz und ins Grab? Wir werden begreifen, dass der Schmerz, der in der Seele Jesu tobte, für uns erlitten wurde und dass die Finsternis auf Golgatha die Finsternis unserer Gottesferne ist.

Aber wir werden auch erfahren, dass der Weg mit Jesus niemals in Tod und Nacht endet. In der Liturgie der Osternacht heißt es von der Kirche: „seine Liebe zu vergelten mit Liebe hält sie Nachtwache bei ihm.“ Bis das Licht der Ostersonne aufgeht, bis der Engel den Grabstein wegrollt und das Wachen und Aushalten in der Dunkelheit vorbei ist, weil Christus aufersteht und wir mit ihm.

# Das Mahl des Herrn

Und sie waren täglich einmütig beieinander im Tempel und brachen das Brot hier und dort in den Häusern, hielten die Mahlzeiten mit Freude und lauterem Herzen und lobten Gott und fanden Wohlwollen beim ganzen Volk. Der Herr aber fügte täglich zur Gemeinde hinzu, die gerettet wurden.

Apostelgeschichte 2,46f

„Bei Jesus hat es Brot und Wein gegeben, bei uns gibt's roten Tee und trockene Kekse." Dieser sprichwörtlich gewordene Seufzer eines heutigen Christen trifft es auf den Punkt und lässt so manchen mit Sehnsucht daran denken, wie es in der Urgemeinde war. Sie waren täglich zusammen beim Tempelgottesdienst, feierten das Abendmahl in ihren Hausgemeinden und aßen zusammen in fröhlicher Runde und lobten Gott dabei. In ihrem Umfeld waren sie beliebt und täglich kamen neue Leute dazu, die auch zur Gemeinde gehören wollten.

So erzählt es uns der Evangelist Lukas im Vers, der oben zu lesen ist. Dass es nicht auf Dauer so idyllisch war, weiß Lukas selbst und wir wissen es auch aus den Briefen des Apostels Paulus. Es ist interessant, dass es sowohl bei der Beschreibung des Ideals, als auch bei den späteren Schwierigkeiten, so oft ums Essen geht.

Essen ist wichtig. Bei schlechter Versorgungslage sinkt die Stimmung dramatisch. Das war schon beim Volk Israel in der Wüste so, als es nicht mal Früchtetee und trockene Kekse hatte. Gott ließ Manna vom Himmel fallen. Er ist ein Gott, der sein Volk, manchmal auch auf wunderbare Weise, versorgt. Das hat sich Israel als Glaubenserfahrung eingeprägt.

Darum hätten sie ja das Zeichen verstehen können, das Jesus ihnen gab, als er Brot und Fische vermehrte, um seine Zuhörer satt zu bekommen. Aber die Leute blieben am Vordergründigen hängen und hätten es lediglich praktisch gefunden, einen „Brotkönig" zu haben. Aber dazu ließ Jesus sich nicht machen.

Ihm ging es bei allen Mahlzeiten, die er mit den Menschen feierte, um mehr. Die Weinvermehrung auf der Hochzeit zu Kana und die Brotvermehrung auf dem Berg waren Zeichen für den Anbruch des Reiches Gottes. Die Tischgemeinschaft mit den Sündern und Ausgestoßenen zeigte den Menschen etwas vom Wesen Gottes, der annimmt statt zu verurteilen, der die Voraussetzung zur Gemeinschaft mit ihm schafft, statt sie zu fordern.

Auch mit seinen Jüngern hat Jesus gegessen und die letzte gemeinsame Mahlzeit war ebenso Zeichen seines Todes, wie die Eröffnung immer neuer, bleibender Gemeinschaft. Im Heiligen Abendmahl, das Jesus am Abend vor seiner Kreuzigung einsetzte, gibt er nicht etwas, sondern sich selbst, seinen geopferten Leib, sein geopfertes Blut. Wer nicht ihn will, sondern höchstens etwas von ihm oder wer die anderen Gäste an seinem Tisch nicht achtet, der verrät diese Tischgemeinschaft mit Jesus.

Die ersten Christen feierten mit einander immer wieder das Heilige Abendmahl. Sie „brachen das Brot“, das war ihre Bezeichnung dafür. Und sie teilten ihre alltäglichen Mahlzeiten miteinander. Beides kennzeichnete sie als Gemeinde. Sie konnten ihre Nachbarn und Bekannten, die noch keine Christen waren, zu mehr einladen als rotem Tee und trockenen Keksen. Es ist allemal missionarischer, Menschen in eine fröhliche Gemeinschaft einzuladen, die gerne und oft das Mahl des Herrn feiert und gerne und oft miteinander zu Tisch sitzt. Christen, die den Eindruck vermitteln, allzu fröhlich und üppig dürfte es nun aber nicht werden, weder im Gottesdienst noch beim Kirchenkaffee, sind nicht besonders fromm, sondern besonders verbiestert.

Essen ist wichtig. Gott nimmt es wichtig. Wenn das Reich Gottes einem Hochzeitsmahl gleicht, dann darf in der Kirche davon etwas zu spüren sein, damit die Menschen sehen und schmecken, wie freundlich der Herr ist.

Du nimmst auf deinen Rücken
die Lasten, die mich drücken
viel schwerer als ein Stein;
du wirst ein Fluch dagegen
verehrst du mir den Segen;
dein Schmerzen muss mein Labsal
sein.

Paul Gerhardt

Herr und König am Kreuz,
Lamm Gottes, ich sehe dich dort
am Kreuz: Was ist mein Leid,
was sind meine Nöte und meine
Sorgen gegenüber dem Leiden,
durch das du mich erlöst hast?
Gib mir Kraft zum Tragen
meines Kreuzes und in den
Mitternächten meines Lebens,
Lob- und Dankgesänge für meine
Erlösung und Hoffnung auf den
Morgen des neuen und ewigen
Lebens, das du mir schon
geschenkt hast. Amen

# Kreuzigung

Es ist vollbracht.

Johannes 19,30

Letzte Worte haben eine große Bedeutung. Ich denke an eine alte Frau, die ihre Enkel immer mit den Worten verabschiedete: „Auf Wiedersehen im Himmel.“ Oft hat es noch ein Wiedersehen auf der Erde gegeben, aber einmal dann nicht mehr.

Die letzten Worte berühmter Persönlichkeiten werden der Nachwelt überliefert. Goethe sagte beispielsweise: „Mehr Licht.“ Was immer uns das sagen will …

Der Evangelist Johannes überliefert auch die letzten Worte Jesu. „Es ist vollbracht.“ Das Leben und Leiden ist an ein Ende gekommen. Heißt das einfach: „Es ist vorbei.“? Ja, das meint es auch.

Allerdings hat der Evangelist Griechisch geschrieben. Und da hört man noch eine andere Bedeutung mit. Nicht nur, etwas ist an ein Ende gekommen, sondern es ist an ein Ziel gelangt.

Manchmal fällt der Karfreitag auf den 25. März. Der 25. März, neun Monate vor Weihnachten, ist eigentlich der Tag der „Ankündigung der Geburt des Herrn“. Der Weg, der mit der Botschaft des Engels an Maria begann (oder noch viel früher mit dem ewigen Ratschluss Gottes) kommt in dem Moment zum Ende und zur Vollendung, als Jesus am Kreuz stirbt.

Moment – das alles, damit er stirbt? Die Geburt, die Flucht nach Ägypten, das Aufwachsen in Nazareth, die Taufe durch Johannes, seine Wunder und Predigten – alles nur, damit er am Schluss stirbt? Eigentlich kein Wunder, dass manche Theologen betonen, es sei doch das ganze Leben Jesu „für uns“ gewesen. Solange man den Tod am Kreuz damit nicht ausblendet stimmt das auch.

Aber ein Skandal bleibt es. Schwer erträglich. Ein banales Beispiel für solche Überlegungen: in den Harry Potter-Büchern, über deren tieferen Aussagegehalt man nur spekulieren kann, läuft es irgendwann darauf hinaus, dass der Held sich opfern muss. Allein und freiwillig. Nachdem er schon jede Menge Widrigkeiten ertragen hat. Und dann stellt sich die Frage, ob jemand von Anfang an dieses Schicksal kannte und ihn quasi als Opferlamm aufgezogen hat. Auch schwer erträglich. Und rein spekulativ.

Das wirklich Erschütternde ist: Für Jesus müssen wir genau das so feststellen. Er ist das „Lamm Gottes.“ Und zwar von Anfang an. Auf Golgatha wird er geopfert. Und der Vater nimmt dieses Opfer an.

Warum das so sein musste? Allgemeine Antworten, die die Schuld irgendwo bei anderen Beteiligten am Passionsgeschehen suchen, wenn sie es nicht gleich zum Betriebsunfall erklären, oder die es doch besser wissen als der ewige Ratschluss Gottes und wortreich begründen, warum Gott gar kein Opfer wollte und brauchte haben eine natürliche Grenze. Diese scheitern daran, dass Jesus seinen Weg mit dem Tod am Kreuz für vollendet erklärt, nicht vorher und nicht anders.

In manchen Kirchen beginnen die Gottesdienste an Karfreitag mit einem schweigenden Niederwerfen vor dem Kreuz. Was soll man denn angesichts der letzten Worte Jesu auch sagen. Man kann es sich nur gesagt sein lassen.

## Karsamstag

# Grablegung

Denn als Erstes habe ich euch weitergegeben, was ich auch empfangen habe: Dass Christus gestorben ist für unsre Sünden nach der Schrift; und dass er begraben worden ist; und dass er auferweckt worden ist am dritten Tage nach der Schrift

1. Korinther 15,3f

Kinder haben oft Fragen, diese sie nie stellen, weil sie insgeheim überzeugt sind, nur sie würden die Antwort nicht kennen. Während meiner Konfirmandenzeit habe ich zum Beispiel hin und wieder überlegt, wie das eigentlich mit der Auferstehung „am dritten Tag“ sein kann. Vom Nachmittag des Karfreitags bis zum Beginn der Osternacht sind es nur wenig mehr als 24 Stunden, das sind keine drei Tage. Oder ob man bis Ostermontag zählen muss? Jedenfalls scheint es wichtig zu sein, dass es drei Tage sind, sonst würde ja nicht so oft darauf hingewiesen. Nein, das verstand ich nicht. Aber ich habe auch nie gefragt.

Des Rätsels Lösung ist nicht schwer, wenn man weiß, dass die Bibel die Tage nach jüdischer Weise zählt. Da beginnt ein neuer Tag nach unserem Verständnis mit dem Abend davor. Man muss also am Abend des Gründonnerstags beginnen zu zählen. So erzählt es die Leidensgeschichte Jesu ja auch. Am Tag vor dem Sabbat stirbt Jesus und wird begraben. Das ist das, was wir Karfreitag nennen. Den Sabbat, also für uns Karsamstag, ruht er im Grab. Als die Frauen am Morgen des Tages nach dem Sabbat, also für uns Ostersonntag, zum Grab kommen, finden sie es leer. Als der dritte Tag erschien, ist Christus vom Tod erstanden.

Der Apostel Paulus nennt die Ereignisse der drei Tage in einem Satz, sie gehören ganz dicht zusammen. Das Leiden und der Tod Jesu waren kein Zufall, kein Unfall und auch kein Zwischenfall. Sondern alles ist vorherbestimmt und vorhergesagt. Auch die Auferstehung am dritten Tag. Als der Auferstandene den Jüngern begegnet scheint er sogar leicht verwundert, dass seine Jünger an all das gar nicht gedacht haben. Weder an das, was er ihnen selbst vorausgesagt hatte, noch an die Weissagungen in den heiligen Schriften. „Es muss alles erfüllt werden, was von mir geschrieben steht im Gesetz des Mose und in den Propheten und Psalmen … So steht's geschrieben, dass der Christus leiden wird und auferstehen von den Toten am dritten Tage" (Lukas 24,44.46).

Dieses göttliche „Muss", das sich da Schritt für Schritt vollzieht, begreift und erfährt man am besten, wenn man den Weg innerlich mitgeht. Durch das Mitfeiern der Gottesdienste, wenn es möglich ist, vor allem. Aber auch durch christliche Bräuche zuhause mit der Familie, beim Anschauen eines Fernsehgottesdienstes, beim schrittweisen Lesen der Passions- und Ostergeschichten, beim Hören einer Passionsmusik ist ein bewusstes Mitleben und Mitfeiern dieser Tage möglich.

Quält dich ein schwerer
Sorgenstein,
dein Jesus wird ihn heben;
es kann ein Christ bei
Kreuzespein
in Freud und Wonne leben.
Wirf dein Anliegen auf den Herrn
und sorge nicht, er ist nicht fern,
weil er ist auferstanden.

Lorenz Lorenzen

Herr des Lebens,
ich lobe und preise dich, dass dein
Sohn Jesus Christus
den Tod besiegt hat.
Ich danke, dass du damit auch mir
neues und ewiges Leben
geschenkt hast.
Alles, was mir Sorgen macht und
mich bedrückt, übergebe ich dir:
Du verwandelst Leid in Freude,
Sorge in Hoffnung,
Tod zum Leben.
Ich danke dir dafür. Amen

## Osternacht

# Auferstehung

„Als der Sabbat vorüber war und der erste Tag der Woche anbrach, kamen Maria von Magdala und die andere Maria, um nach dem Grab zu sehen.

Matthäus 28,1

„Schlafen können Sie wann anders.“, sagte ein Pfarrer, als er seine Gemeinde zur Feier der Heiligen Osternacht und einem anschließenden Ostermahl einlud. Es war schon abzusehen, dass die Gottesdienstbesucher wohl tatsächlich nicht viel Schlaf bekommen würden.

Aber – schlafen kann man auch wann anders. An Heiligabend kommt ja auch niemand auf die Idee, er müsse jetzt aber mal sein Schlafdefizit bekämpfen und extra früh ins Bett gehen. Nein, selbst Menschen, die kaum noch eine Ahnung vom christlichen Glauben haben, spüren, dass es solche geweihten, heiligen Nächte gibt.

Im Judentum fragt das jüngste anwesende Kind bei der Passafeier am Sederabend: „Warum ist diese Nacht anders als alle anderen Nächte …“ Und der Vater erzählt von der Nacht des Auszugs aus Ägypten, als das Blut des Lammes das Volk vor dem Tod bewahrte und vom Zug durch das Schilfmeer. Passa, das bedeutet „Durchzug“. Und so begannen die ersten Christen vom Passafest des neuen Bundes zu erzählen. Und wie eine Antwort auf die alttestamentlich Frage: „Warum ist diese Nacht anders als alle anderen Nächte?“ erklingen in der Osternacht die Worte: „Dies ist das Fest der Ostern, da geopfert wird das wahre Passalamm Christus, dessen Blut die Türen der Gläubigen zeichnet und das Volk bewahrt vor Tod und Verderben. Dies ist die Nacht, da Gott sein Volk aus Ägypten befreit und trockenen Fußes durch die Fluten des Meeres geleitet hat. Dies ist die Nacht, da Christus die Bande des Todes zerrissen hat und aus der Hölle als Sieger erstanden ist.“

„Als der Sabbat vorüber war …“, so beginnt der Evangelist Matthäus seine Ostergeschichte. Und dann müsste man eigentlich genauer übersetzten: „… und der erste Tag der Woche dämmerte …“ Das Spannende ist, dass Matthäus hier die Abenddämmerung meint. Nach jüdischer Zählung beginnt der Tag mit dem Vorabend, der Sabbat ist mit dem Sonnenuntergang abgeschlossen. Darum können Maria von Magdala und die andere Maria jetzt zum Grab gehen. Und so werden sie zu Zeuginnen der Ereignisse. Ein Engel erscheint vom Himmel herab, wälzt den Stein weg und setzt sich darauf. Die römischen Soldaten, die das Grab bewachen sollen, werden vor Schreck ohnmächtig. Dann wendet sich der Engel an die Frauen mit der Botschaft, Christus sei auferstanden, das sollten sie den Jüngern sagen. Als die beiden Frauen sich aufmachen vom Grab, begegnet ihnen Jesus selbst, sie sehen den Auferstandenen.

Wenn wir also in der Nacht vom Karsamstag auf den Ostersonntag den Osternachtsgottesdienst feiern, denken wir an den Bericht des Evangelisten Matthäus. Die Gottesdienste am Morgen des Ostersonntags führen die Erzählung des Evangelisten Markus vor Augen, der schreibt: „Und sie kamen zum Grab am ersten Tag der Woche, sehr früh, als die Sonne aufging" (Mk. 16,2). Der Evangelist Johannes bemerkt, Maria von Magdala sei zum Grab gegangen, bevor der Morgen dämmerte: „Am ersten Tag der Woche kommt Maria von Magdala früh, als es noch finster war, zum Grab …" Lukas schreibt: „Aber am ersten Tag der Woche sehr früh …"

Alle vier Evangelisten bezeugen die Osterereignisse also als ein Geschehen in der Nacht oder des frühen Morgens. Wobei zu bemerken ist, dass sie das „Wie" der Auferweckung Jesu selbst nicht berichtet haben. Das „Wie" war menschlichen Augen ohnehin verborgen. Und den ersten Christen reichte es ja auch, Tod, Grab und Auferstehung ihres Herrn, als Passa, als „Durchzug", als einen Weg durch die Fluten des Todes ins neue Leben zu verstehen. Ein Weg, der sich auch in jeder Taufe ereignet, weshalb die Osternacht der bevorzugte Tauftermin der ersten christlichen Jahrhunderte war.

Hat uns dieses Bild heute auch noch etwas zu sagen? Vielleicht heute gerade wieder. Vielleicht brauchen es gerade heute die Menschen, dass ihnen durch Nacht und Licht und Feuer und Wasser bezeugt wird, dass das, was die Heilige Schrift berichtet, ihre Geschichte ist. Dass sie mitgerissen werden durch Tod und Hölle ins Auferstehungsleben. Welch ein Hoffnungszeichen, dass sich in einer Nacht alles wandeln kann: aus Grabesdunkel wird Osterlicht. Aus Tod wird Leben. Aus der Todesflut wird Taufwasser. Aus Fasten wird ein Fest. Aus Trauer wird Lachen. Das ist von uns und unserem Leben zu sagen. Die Liturgie der Osternacht sagt es so: „Dies ist die Nacht, da Christus vertreibt den Frevel und abwäscht die Sünde, die Unschuld gibt den Gefallenen und den Trauernden die Freude."

Schlafen kann man tatsächlich wann anders …

## Tag der Auferstehung des Herrn – Ostersonntag

# Auferstehung

Fürchte dich nicht! Ich bin der Erste und der Letzte und der Lebendige. Ich war tot, und siehe, ich bin lebendig von Ewigkeit zu Ewigkeit und habe die Schlüssel des Todes und der Hölle.

Offenbarung 1,17f

Die Bilder des Flugzeugs, das an einer Felswand zerschmettert wurde, sprachen eine mächtige Sprache. Im Fernsehen und auf den Titelseiten der Zeitungen grinste uns der Tod an. Und dabei wurden der Öffentlichkeit die grausamsten Aufnahmen wahrscheinlich gar nicht gezeigt. Sich genauer auszumalen, was in den letzten Minuten dieses Todesfluges passiert ist, hielt man eigentlich nicht aus.

Genauso bedrückend ist die Hilflosigkeit der Helfer bei solchen Unglücken. Rettungsmannschaften stochern in den Überresten der Tragödie, Experten stochern im Nebel der Vermutungen und die Angehörigen der Opfer gehen durch ihre ganz persönliche Hölle. Als ob uns so richtig vor Augen geführt werden sollte: Sieh her, es gibt nichts Mächtigeres als den Tod. So sieht das Letze aus, was von Menschen übrig bleibt. Das Sterben ist unberechenbar und unvermeidbar. Der Tod ist das Ende.

Nein! Über den Bildern von Zerstörung und Vernichtung erscheint das Bild Christi: größer als die Bergmassive der Alpen, strahlender und mächtiger als ein Sonnenaufgang in den Bergen erhebt sich Christus. Segnend breitet er die Arme aus. An seinen Händen sieht man noch die Wunden der Nägel. Der Gekreuzigte ist der Auferstandene. Nach der Todesnacht geht die unbesiegbare Sonne auf und mit Donnerstimme verkündet der auferstandene Herr den Sieg über den Tod: „Ich bin der Erste und der Letzte und der Lebendige. Ich war tot, und siehe ich bin lebendig von Ewigkeit zu Ewigkeit und habe die Schlüssel des Todes und der Hölle!“

Christus selbst wendet unseren Blick ab von den Bildern des Grauens und richtet ihn über die Gräber hinaus. Immer wieder sieht es so aus, als würde die Welt in Schmerz, Terror, Chaos versinken. Immer wieder denken wir das auch von unserem Leben. Aber die Wahrheit ist, dass da einer ist, der das alles ertragen hat und uns darum durchträgt. Der Tod ist getötet, fürchte dich nicht!

Der Liederdichter Paul Gerhardt hat das angesichts dessen, was er zur Zeit des Dreißigjährigen Krieges mit ansehen musste in diese Worte gefasst: „Der Tod mit seiner Macht, wird nichts bei mir geacht'; er bleibt ein totes Bild und wär er noch so wild."

Der Herr ist auferstanden, er ist wahrhaftig auferstanden!

## Ostermontag und Osterwoche

# Auferstehung

Und er sprach zu ihnen: O ihr Toren, zu trägen Herzens, all dem zu glauben, was die Propheten geredet haben! Musste nicht der Christus dies erleiden und in seine Herrlichkeit eingehen?

Lukas 24,25f

Der berüchtigte „Osterreiseverkehr“ mit Stau auf der Autobahn, überfüllten Zügen und Hektik am Flughafen erinnert mich an die zwei Männer aus dem weiteren Jüngerkreis Jesu, die drei Tage nach der Kreuzigung an Karfreitag nur noch weg wollten aus Jerusalem. Nur noch weg. Raus aus der Stadt, die schrecklichen Bilder hinter sich lassen, sich erst mal wieder neu sortieren, die Dinge verarbeiten, Abstand gewinnen ... eben einfach weg.

Wir können diese Männer gut verstehen. Ein Ortswechsel kann richtig gut tun. Besonders, wenn die Herzen „träge“ geworden sind. Das muss nicht bedeuten, dass sie zu faul geworden sind. Herzen können sehr müde und erschöpft sein. So müde, dass sie nicht mehr hören können, was ihnen gesagt ist. Als Jesus in fremder Gestalt diese beiden Jünger in ein Gespräch verwickelt, wird deutlich, dass sie weder den Ankündigungen der Propheten in den heiligen Schriften, noch den Frauen, die das leere Grab gesehen und die Worte des Engels gehört hatten, noch anderen Jüngern, vielleicht Petrus und Johannes, die das Fehlen des Leichnams bestätigten, glauben konnten.

Und Ihr Herz? Irgendein Widerhall auf die Botschaft: „Der Herr ist auferstanden!“? Vielleicht ein Klingen, wenn Sie „Halleluja“ hören? Oder bewegt Sie eher der Wunsch, sich die Bettdecke über den Kopf zu ziehen, am liebsten in einem Hotelbett ganz weit weg?

Aber es könnte doch sein. Es könnte sein, dass der Auferstandene wirklich auferstanden ist. Es könnte doch sein, dass er Ihnen begegnet, sich in den Weg stellt, Sie ein Stück begleitet. Die beiden Jünger haben ihn schlussendlich erkannt, als sie mit einander aßen und er das Brot brach.

Brotbrechen, Abendmahl feiern – da ist Jesus ganz sicher. Aber was, wenn er sich im Flugzeug, auf der Autobahnraststätte oder im Bordbistro plötzlich neben Sie stellt. Es könnte doch sein.

Vielleicht passiert es auch bei einem Spaziergang in der Natur. Das Gehen eines sogenannten Emmausweges (das heißt so, weil die Jünger zu einem Dorf dieses Namens wollten) hat eine lange Tradition. Schon mancher hat da etwas mit Jesus erlebt.

Und dann kann es sein. Es kann sein, dass der Lebendige das Herz wieder aufleben lässt. Es kann sein, dass beim gemeinsamen Essen das Herz endlich wieder satt wird. Es kann sein, dass Worte wieder zum Herzen dringen. Es kann sein, dass das Licht der Osterkerze das dunkle Herz hell macht.

Der Auferstandene kam nicht zu den Emmausjüngern, weil sie glaubten. Er kam, damit sie glaubten.

Warum sollte es heute anders sein? Es kann sein. Es wird so sein. Der Herr ist auferstanden, er ist wahrhaftig auferstanden!

## 1. Sonntag nach Ostern – Quasimodogeniti

# Neues Leben

Spricht Jesus zu ihm: „Weil du mich gesehen hast, Thomas, darum glaubst du. Selig sind, die nicht sehen und doch glauben."

Johannes 20,29

Der ungläubige Thomas ist sprichwörtlich geworden. Das war der Jünger, der Ostern nicht dabei war, als der Auferstandene zu seinen Jüngern kam. Wohlgemerkt, er erschien den Jüngern nicht irgendwie, sondern er kam durch eine geschlossene Tür. Ja klar, Geister kommen immer durch verschlossene Türen, mag vielleicht mancher Skeptiker jetzt denken. Und auch damals schon gedacht haben. Darum berichtet der Evangelist extra, der auferstandene Jesus habe seinen Freunden, also den elf übrigen Jüngern, die Nägelwunden an seinen Händen und die Verletzung vom Stich der Lanze in seine Seite gezeigt. Das ist heute so bemerkenswert wie damals. Geister haben keinen stofflichen Körper. Ausgeburten der Fantasie einer traumatisierten Psyche tragen nicht ausgerechnet das Trauma, die Wunden, an sich, sondern sie müssen diese ja gerade leugnen. Eine kollektive Wahnvorstellung wendet sich nicht dem einzelnen Zweifler zu.

Aber genau das tut Jesus eine Woche später. Thomas hatte behauptet, wenn er diesen Auferstandenen nicht anfassen könnte, dann könnte er auch nicht glauben. Und Jesus sagt: „Okay." Und dann lässt er Thomas seine Wunden berühren. Darüber muss man mal nachdenken. An den Spuren des Karfreitags ist der Auferstandene erkennbar. Jesus hält Thomas keine Predigt über die theoretische Möglichkeit der Auferstehung und warum er nun mit seinem Körper Gebrauch von seinen göttlichen Fähigkeiten macht und vorher nicht.

Mit dem zweifelnden Thomas redet Jesus über das Thema „Sehen und Glauben." Thomas brauchte die Hilfe des konkreten Ansehens und Anfassens und sie wurde ihm gewährt. Aber eigentlich, so sagt es Jesus, ist der Zusammenhang von Glauben und Sehen eine anderer.

Mir fällt dazu eine Szene aus einem Weihnachtsfilm ein, in der ein bemerkenswerter Satz fällt. Der lautet: „Sehen ist nicht glauben. Glauben ist sehen." Anders gesagt: Selig sind, die nicht sehen und doch glauben. Weil sie durch den Glauben „sehen", also Durchblick auf die Wirklichkeit bekommen, Weitsicht über Raum und Zeit hinaus gewinnen, weil sie die Wahrheit erkennen. Bei den wirklichen Fragen und Zweifeln geht es uns allerdings um mehr als um die Existenz des Weihnachtsmannes oder passender, des Osterhasen.

Wie beim sprichwörtlichen Zweifler Thomas beginnen die echten Fragen meistens mit einem „Wenn". Wenn ich es nicht sehe und etwas spüre, kann ich nicht glauben, sagte er. Wenn du da gewesen wärst, wäre das Schlimme nicht passiert, sagte Martha als ihr Bruder gestorben war. Wenn du Gottes Sohn bist, dann … So hatte der Versucher zu Jesus gesagt.

Es ist aber genau umgekehrt: Jesus ist Gottes Sohn. Er war da und ist da, auch in der Katastrophe. Wir können glauben, auch wenn wir nicht sehen und nichts spüren. Es gibt ein altes Glaubenslied, das fängt ebenfalls mit „Wenn" an und geht mit „Doch" weiter:

Wenn ich auch gleich nichts fühle
von deiner Macht.
Du führst mich doch zum Ziele,
auch durch die Nacht.

Denken Sie dran: Sehen ist nicht glauben. Glauben ist sehen.

## Evangelistentage (25. April, 21. September, 18. Oktober, 27. Dezember)

# Die vier Evangelisten

Denn es ist noch nie eine Weissagung aus menschlichem Willen hervorgebracht worden, sondern getrieben vom Heiligen Geist haben Menschen in Gottes Auftrag geredet.

2. Petrus 1,21

Fragt sich ja bloß, wie man sich das vorzustellen hat. Es ist nämlich gar nicht so einfach, beides zusammen zu halten. Die Verfasser biblischer Schriften schreiben nicht aus eigenem Willen, sondern im Namen Gottes, wozu der Heilige Geist sie treibt. Das ist das eine und das ist notwendig zu sagen, damit sich die Heilige Schrift nicht in ein zusammenhangloses Sammelsurium von einzelnen Gottesvorstellungen und Privatmeinungen auflöst. Und gleichzeitig gilt auch: es haben Menschen geredet. Nicht als bewusstlose Werkzeuge, sondern in ihrer konkreten Zeit, für eine bestimmte Leser- oder Hörerschaft, mit ihren jeweiligen Eigenheiten und Voraussetzungen. Das ist auch zu sagen, damit die Heilige Schrift nicht zum unzugänglichen Block göttlicher Offenbarung wird, den im Einzelnen zu verstehen man sich gar nicht erst bemühen muss.

Die theologische Herausforderung, beides beieinander zu halten hat sich der christlichen Kirche sehr früh gestellt. Bereits im 2. Jahrhundert nach Christus haben sich die Kirchenväter gefragt, wie das eigentlich mit den vier Evangelien ist, die, was ja auch heute noch jedem Leser auch ohne Vorbildung auffällt, augenscheinlich von verschiedenen Verfassern stammen, aus unterschiedlicher Perspektive, für unterschiedliche Leser trotzdem das eine „Evangelium" von Jesus Christus bezeugen. Es ist also keineswegs eine „moderne Frage" und es ist auch kein Zeichen von Unglauben, solche Überlegungen anzustellen.

Die ersten Antworten darauf wurden schon um das 200 n. Chr. gegeben, als die Abfassung der vier Evangelien erst gut hundert Jahre zurücklag. Den vier Evangelisten wurden vier Symbole zugeordnet: Matthäus bekam den

Menschen, Markus den Löwen, Lukas den Stier und Johannes den Adler. Diese Symbole hatte man sich nicht ausgedacht, sondern im Alten Testament gefunden, beim Propheten Hesekiel. Der schaut in einer Vision geflügelte Wesen, die vier Gesichter haben: „Ihre Angesichter waren vorn gleich einem Menschen und zur rechten Seite gleich einem Löwen bei allen vieren und zur linken Seite gleich einem Stier bei allen vieren und hinten gleich einem Adler bei allen vieren“ (Hesekiel 1,10). Und in der Offenbarung findet sich eine ganz ähnliche Vision: „Und das erste Wesen war gleich einem Löwen, und das zweite Wesen war gleich einem Stier, und das dritte Wesen hatte ein Antlitz wie ein Mensch, und das vierte Wesen war gleich einem fliegenden Adler“ (Offenbarung 4,7). Mit Hilfe dieser Symbole, die sich auch heute noch in vielen Kirchen finden, erklärte schon der Kirchenvater Irenäus es ungefähr so: Die vier Gesichter oder Wesen zeigen Jesus Christus als König (Löwe), Priester (Stier/Opfertier), Menschensohn (Mensch) und Spender des Heiligen Geistes (Adler) und so tun es auch die vier Evangelien. Das eine Evangelium von Christus hat sozusagen vier Gesichter.

So kann man es sich vorstellen. Aber was ist denn mit den Menschen hinter den Namen und Symbolen? Sowohl das Matthäus- als auch das Johannesevangelium enthalten gar keine Verfasserangabe. Die kirchliche Tradition identifiziert, vielleicht gerade deshalb, Matthäus mit dem in Matthäus 10,2 genannten Zöllner, den Jesus in den Kreis der Apostel berief und Johannes mit dem Lieblingsjünger Jesu (Johannes 21,20–24). Markus und Lukas galten als Apostelschüler, in Markus erkannte man den in Apostelgeschichte 11,12 genannten Johannes Markus, der bei Petrus in Rom gewesen sein soll, in Lukas den in Kolosser 4,14 und 1. Timotheus 4,11 genannten Begleiter des Paulus. Es ist verständlich, dass wir gerne mehr wüssten. Aber die Evangelisten wollten ja nicht sich in den Mittelpunkt stellen, sondern Christus bezeugen.

Und ist es nicht auch ein tröstlicher Gedanke, dass Gott jeden dieser vier in seiner besonderen Art dazu gebraucht hat, das Evangelium aufzuschreiben? Das tut er wohl mit seinen Zeugen heute auch noch so, damit das Evangelium in ganz unterschiedlicher Weise laut wird. Eigentlich ein echter Grund, der Evangelisten dankbar zu gedenken!

## 2. Sonntag nach Ostern – Misericordias Domini

# Der gute Hirte

Ich selbst will meine Schafe weiden, und ich will sie lagern lassen, spricht Gott der Herr. Ich will das Verlorene wieder suchen und das Verirrte zurückbringen und das Verwundete verbinden und das Schwache stärken und, was fett und stark ist, behüten; ich will sie weiden, wie es recht ist.

Hesekiel 34,15f

Kennen Sie das Gefühl ohnmächtiger Wut? In der Zeit, wenn die Eltern anfangen schwierig zu werden, erleben Jugendliche das fast täglich. Sie können gar nicht anders, als mit Wut auf die Verbote und Mahnungen der Eltern zu reagieren. Und gleichzeitig spüren sie ihre Ohnmacht, solange sie nicht über eigenes Geld und den Autoschlüssel verfügen. Ohnmächtige Wut, das kennen auch Angestellte gegenüber ihren Chefs. Wenn es eben mal wieder ein Unterschied ist zwischen Recht haben und Recht kriegen. Solange nämlich die Vorgesetzten über Schichtpläne und Gehaltserhöhungen bestimmen, kann man die Faust nur in der Tasche ballen.

Manchmal ist die Ohnmacht allerdings auch nur eingebildet und die Wut schlicht irrational. Gegen konkrete Ungerechtigkeit kann man, solange man unter rechtsstaatlichen Bedingungen leben darf, meistens auch konkret etwas tun. Kinder haben Rechte, auch wenn sie noch nicht alles dürfen. Arbeitnehmer haben auch Rechte und gewiesene Wege, diese durchzusetzen. Wer allerdings nur diffus auf „die Alten“, „die da oben“, das „Establishment“ oder das „System“ wütend ist, der wird das wohl so lange bleiben müssen, bis er Verantwortung für sich selbst übernimmt.

Aber was, wenn Willkür und Ungerechtigkeit überhandnehmen? Gibt es keinen, der dann Grenzen setzen kann? Darüber haben sich auch schon die Menschen zur Zeit des Alten Testaments Gedanken gemacht. Auch Gottes Volk musste es erleben, dass diejenigen, die zur Leitung und zum Schutz ihres Volkes von Gott eingesetzt waren, nämlich die Könige und Priester, also die geistliche und weltliche Führungsriege, ihre Macht hemmungslos missbrauchten. Wer sollte ihnen wehren? Gott selbst, so sagt es der Prophet

Jesaja. Wenn diejenigen, die eigentlich als Hirten für die ihnen Anvertrauten sorgen sollten dies nicht tun, sondern die Herde ausbeuten, ruft das Gott selbst auf den Plan.

Der 2. Sonntag nach Ostern heißt auch der Hirtensonntag. Neben allen wunderbaren biblischen Bildern, die uns dieser Tag vor Augen stellt, tritt auch eine ernste Gerichtsansage: „So spricht Gott der Herr: Wehe den Hirten Israels, die sich selbst weiden! ... Das Schwache stärkt ihr nicht, und das Kranke heilt ihr nicht, das Verwundete verbindet ihr nicht, das Verirrte holt ihr nicht zurück, und das Verlorene sucht ihr nicht; das Starke aber tretet ihr nieder mit Gewalt. ... Siehe, ich will an die Hirten und will meine Herde von ihren Händen fordern; ich will ein Ende damit machen, dass sie Hirten sind ..." (Hesekiel 34,2.4.10).

Sehr ernst ist hier mit den Worten des Kleinen Katechismus jedem ins Gewissen zu reden: „Da siehe deinen Stand an nach den 10 Geboten ..., ob du jemand ein Leid getan hast mit Worten oder Werken, ob du gestohlen, versäumt, verwahrlost, Schaden getan hast usw." Denn es geht hier nicht um „die da oben", sondern es ist durchaus an alle zu denken, die als Eltern, als Vorgesetzte, als Politiker und als Geistliche eine Hirtenverantwortung haben.

Umgekehrt ist das auch ein Trost für die, die in hilfloser Wut Unrecht erleiden müssen. Es kann sehr schnell der Tag kommen, an dem Gott wieder spricht: „Darum will ich an die Hirten ...!"

Das gilt auch und gerade in der Kirche. Es ist kaum zu ermessen, wieviel geistlichen Schaden Machtmissbrauch angerichtet hat. Denn wie leicht ist für die Geschädigten der Unterschied zwischen Gott und den kirchlichen Repräsentanten nicht mehr zu sehen. Wie viele Menschen haben eine Vorstellung von Gott, als sei er auch so ein Tyrann.

Darum hat Gott es durch den Propheten Hesekiel extra ausrichten lassen: Er selbst tut genau das Gegenteil, denn er weidet die Herde und lässt sie sich lagern, also zur Ruhe kommen. Er sucht das Verlorene, bringt das Verirrte zurück, verbindet das Verwundete, stärkt das Schwache und behütet die Starken. Was das heißt sieht man an Jesus, der von sich gesagt hat: „Ich bin der gute Hirte ..." (Johannes 10,11). Diesem Hirten kann man vertrauen. Er hetzt die Herde nicht zu Tode, er kümmert sich um die Schwachen und gibt keinen auf, er heilt Verletzungen und die Starken dürfen bei ihm stark sein, er beschützt sie. Die menschlichen Hirten können sich daran durchaus ein Beispiel nehmen.

## 3. Sonntag nach Ostern – Jubilate

# Jubel und Neuschöpfung

Ist jemand in Christus, so ist er eine neue Kreatur; das Alte ist vergangen, siehe, Neues ist geworden.

2. Korinther 5,17

„Bist du ein Jubilate-Christ?" Erwartungsvoll blickte der Prediger in die Gemeinde, als würde er eine spontane Antwort auf seine rhetorische Frage erwarten. Leider wusste wohl niemand so recht, was denn ein „Jubilate-Christ" nun sei und darum blieben die Hörer eine Antwort schuldig. Die Situation und diese Frage waren so merkwürdig, dass ich mir die Frage tatsächlich gemerkt habe. Obwohl das nun schon fast zwanzig Jahre her ist.

Jubilate, das bedeutet „Jubelt" und ist der Name des dritten Sonntags in der Osterzeit. Und weil die Zeit nach Ostern eine besondere Freudenzeit ist, finden an diesem Tag oft kirchliche Feste wie Konfirmation oder Konfirmationsjubiläen, Kirchweihe und so weiter statt. Es passt einfach so gut. Man jubelt, weil man Grund dazu hat.

Aber was ist eigentlich, wenn man für sich gerade gar keinen Grund zum Jubeln findet? Ist man dann eben kein „Jubilate-Christ"? Gehört man dann halt leider nicht zu den frommen Sonnenscheinchen, sondern ist mehr ein „Jammer-Christ"?

Am Sonntag Jubilate geht es zum Glück nicht darum, etwas zu *werden*. Sondern um das, was *geworden ist*. So sagt es der Wochenspruch, der über diesen Gedanken steht. Es geht nicht darum, nun aber mal fröhlicher oder gläubiger zu werden, sondern zu staunen über das, was geworden ist. So wie bei der Schöpfung, die uns umgibt: wir sehen immer, was schon geworden ist, das Werden ist uns verborgen. So ist es auch bei der Neuschöpfung durch den Glauben. Gott verändert uns. Das tut er so behutsam und mit viel Zeit wie alles in der Schöpfung. Gott zerrt nicht andauernd von oben an einem kleinen Bäumchen, damit es wächst. Sondern durch die Wurzeln bekommt der Baum Nährstoffe, Gott spendiert ihm Licht und Wasser und dadurch wächst er.

So geht es auch, wenn jemand im Glauben an Gott wächst. Die neue Schöpfung setzt sich durch, bricht durch den härtesten Boden wie ein Löwenzahnpflänzchen und wächst, weil und wie Gott es will. Für die Nährstoffe und das Licht sorgt er auch mit seinem Wort und seinem Segen und seiner Gegenwart.

Man kann also gar kein „Jubilate-Christ" *werden*. Man kann nur feststellen und sich freuen, dass man einer *geworden ist*. Dann ist die Frage ja beantwortet …

## 4. Sonntag nach Ostern – Kantate

# Loblied für Gottes Gnade

Als aber die Hohenpriester und Schriftgelehrten die Wunder sahen, die er tat, und die Kinder, die im Tempel schrien und sagten: Hosianna dem Sohn Davids!, entrüsteten sie sich und sprachen zu ihm: Hörst du auch, was diese sagen? Jesus sprach zu ihnen: Ja! Habt ihr nie gelesen (Psalm 8,3): „Aus dem Munde der Unmündigen und Säuglinge hast du dir Lob bereitet"?

Matthäus 21,15f

Wie gut, dass diese Geschichte in der Bibel steht und aus Anlass kindlicher Ruhestörung des Gottesdienstes von Pfarrern zitiert werden kann. Je weniger persönliche Erfahrung mit Kleinkindern diese haben, desto ehrlicher kommen ihnen die Worte über die Lippen, während es so mancher jungen Mutter scheinen will, als lobe ihr Kind eher nicht den Herrn, sondern habe einfach Hunger oder ein anderes Problem. Ein anderer, in der lutherischen Dogmatik sehr belesener Pfarrer allerdings, zitiert in der gleichen Situation auch gerne den Artikel 2 der Augsburgischen Konfession, welcher überschrieben ist: Von der Erbsünde.

Man muss also nicht unbedingt in jegliches Quietschen und Glucksen eines Babys etwas hineingeheimnissen. Genauso wenig wie bei den Vögeln im Wald, die nicht in jedem Fall zur Ehre des Schöpfers singen, sondern oft einfach ihr Revier verteidigen oder Brutpartner anlocken wollen.

Und doch steckt in dem Psalmwort, das Jesus hier seinen Gegnern an den Kopf wirft, eine geistliche Wahrheit. So wie Johannes der Täufer vorgeburtlich Jesus erkennen und sich freuen konnte, genauso kann auch ein Kind glauben und Gott loben, bevor es uns verstandesmäßig zu irgendetwas in der Lage zu sein scheint. Und kann ein Kind dann erst einmal sprechen, ist es oft erstaunlich, wie oft auch hier Kindermund Wahrheit kundtut – über Gott. Ich denke an einen Dreijährigen, der am Ostersonntag sah, dass die Nachbarin die Treppe putzte. „Sie weiß nicht, dass Jesus auferstanden ist, ich sing es ihr mal vor!" Und dann stellte er sich neben die Frau und sang so laut er konnte: „Jesus lebt, ich freue mich, Halleluja." Das gleiche

Lied wollte er auch einer Beerdigungsgesellschaft vorsingen, die er vor dem Friedhof sah. „Wenn sie alle so schwarze Sachen anhaben, da sind sie wohl traurig. Aber Jesus lebt doch. Ich sing es denen mal …"

Die Kinder, die im Jerusalemer Tempel ihr „Hosianna" schreien, tun das, weil sie mit geistlichem Durchblick erkennen, wer Jesus ist. Nämlich der Sohn Davids, der Messias. Das kann den Hohepriestern nicht recht sein, abgesehen von der Ruhestörung. Sie ärgern sich mehr über den Inhalt, als über die Form des Gotteslobes. Dabei sprechen diese Kinder doch in Form des Lobes Wahrheit aus. Und das ist etwas sehr Wichtiges beim Lob Gottes. Es geht nicht darum, dass da ein niedlich anzusehender Kinderchor irgendwas Belangloses oder gar Unsinniges singt, Hauptsache es ist süß und die Kleinen sind beteiligt, sondern dass Gott sich aus dem Mund der Kinder und Unmündigen selbst Lob bereitet hat. Und wo der Heilige Geist das tut, da lohnt es sich, auf die Kinder zu hören. Der Ordensgründer Benedikt von Nursia hat in seinen Anweisungen für das Kloster besonders darauf hingewiesen, dass der Abt genau bedenken soll, was die jüngsten Mönche oder Gäste von außerhalb ihm sagen, weil Gott sehr oft dadurch redet.

Das gibt es tatsächlich. Unbezahlbare Momente sind das, wenn ein Kind in der Gemeindeversammlung in Anlehnung an die Geschichte von Jürnjakob Swehn, dem Amerikafahrer, laut fragt. „Mama, unserer Gemeinde ist das Wort Gottes in trockenen Jahren wohl auch zu teuer?" Ja, die Worte der Unmündigen und Säuglinge haben es in sich. Als Friedrich von Bodeschwingh mit Hitlers Leibarzt über das Ende des Euthanasieprogramm der Nazis verhandelte, stand unter seinem Fenster ein behinderter junger Mann und sang für seinen Pastor Fritz „Ein feste Burg ist unser Gott."

Der Sonntag Kantate ist oft erfüllt mit wunderbarer Kirchenmusik. Das Lob Gottes der Kleinen, der Schwachen, der Unmündigen und Kinder hat darin einen besonderen Platz. Und Gott gefällt es. Selbst in Form von Babygeschrei.

## 5. Sonntag nach Ostern – Rogate

# Gebet

Und an jenem Tage werdet ihr mich nichts fragen. Wahrlich, wahrlich, ich sage euch: Wenn ihr den Vater um etwas bitten werdet in meinem Namen, wird er's euch geben.

Johannes 16,23

In Geschichten für Kinder wimmelt es geradezu von netten Zauberern, die bei Bedarf mit einem Zauberspruch Benötigtes herbeischaffen, Gefahren abwenden oder Unmögliches möglich machen. Nach Kinderlogik könnte es durchaus sein, dass der Elefant Benjamin Blümchen sprechen und die Hexe Bibi Blocksberg zaubern kann, deshalb mögen sie diese Erzählungen ja. Aber dann kommt die Zeit, in der die Realität die Magie verdrängt. Zaubersprüche verlieren ihren Reiz und die Kleinen hören auf, in seltsamen Reimen zu sprechen. Es funktioniert nicht.

Vielleicht ist das, was Menschen mit dem Beten erleben ähnlich. Klingt das, was Jesus da seinen Jüngern sagt, nicht auch wie eine magische Formel? Als bräuchten sie nur „Im Namen Jesu" über ihre Wunschzettel zu schreiben und sofort würde der himmlische Bestellschein zu ihrer Zufriedenheit bearbeitet. Und hat nicht so manch ein Gebetsvers den Stil eines Zauberspruchs?

Viele Menschen beten nicht mehr. Es funktioniert nicht, das ist die einzige Erfahrung, die sie gemacht haben.

Damit wir uns richtig verstehen: Ich meine nicht diejenigen, die gedankenlos ein Verslein hingemurmelt haben, ohne das so wirklich ernst zu meinen. Es geht um die, die jahrelang heiß und innig für etwas oder um etwas gebetet haben, aber Gott schweigt. Er tut nichts, er ändert nichts, er hilft nicht. Mir kommen dazu Zeilen aus einem Gedicht der Theologin Dorothee Sölle in den Sinn:

Warum ich Gott so selten lobe
fragen die freunde mich immer wieder
verdammt bin ichs denn
war der Bund nicht zweiseitig
dass er etwas lobenswertes tut
oder vorbeischickt
und ich etwas zum loben entdecke
ein fabelhafter kontrakt
er schickt nichts ich sehe nichts
er war schon immer stumm ich schon
immer blind
das ist die melodie dieser Welt ...

Das ist jedenfalls die Melodie der Verzweiflung, gut beobachtet und entlarvend formuliert. Manche, die auf solche Verzweiflung Antwort geben sollten, halten sie nicht aus. In ihrem Bemühen, Gott entschuldigen zu wollen, beschuldigen sie den enttäuschten Menschen: „Gott hat einen Plan, du siehst ihn nur nicht." „Gott will ja helfen, du musst ihm nur mehr vertrauen."

Nein, es gibt Situation, in denen wir vor dem Schweigen Gottes stehen. Es gibt Gebete, die er nicht erhört. Gott schickt uns auch gerade das, was wir nicht wollen.

Aber was bewirkt dann das Gebet im Namen Jesu? Auf jeden Fall hat es eine Wirkung. Nämlich die, dass Gott den Beter und sein Anliegen so ansieht, als sei es Jesus, der da zu ihm kommt. Immer wieder wird in der Bibel berichtet, wie Jesus gebetet hat. Vertrauensvoll wie ein kleines Kind hat er mit seinem „Abba", seinem Papa geredet. Er hat seinen Jüngern beigebracht, um alles, wirklich alles zu beten. Jesus hat selbst dann nicht aufgehört, zu beten, als er selbst vor dem Schweigen Gottes stand, in Gethsemane und auf Golgatha. Er ist der Melodie der Verzweiflung nicht gefolgt.

Das gehört zum Beten im Namen Jesu dazu. Wir willigen wie er in den Willen des Vaters ein. Wir wissen, dass wir nichts Gutes verdient und nichts zu fordern haben. Wir halten sogar das Schweigen Gottes aus. Aber wir beten im Namen Jesu. Wir schicken ihn sozusagen erst mal vor. Der Vater wird dem geliebten Sohn zuhören und antworten. In ihm sind alle Bitten „Ja" und „Amen".

# Christi Himmelfahrt

Denn sollte Gott wirklich auf Erden wohnen? Siehe, der Himmel und aller Himmel Himmel können dich nicht fassen – wie sollte es dann dies Haus tun, das ich gebaut habe?

1. Könige 8,27

Wäre es nicht schön, wenn die Moderatoren und Nachrichtensprecher im Fernsehen und Radio es einfach mal hinbekommen würden, den Feiertag Christi Himmelfahrt korrekt als solchen zu bezeichnen? Religiöse Bildung ist sicher nicht bei allen vorauszusetzen, eine gewisse Allgemeinbildung aber schon. Und da weiß man eigentlich, dass das nicht „Vatertag" heißt.

Gelegentlich kann man eine digitale Postkarte verschicken, auf der steht: DANKE ERZEUGER. Da freut der Papa sich ja richtig drüber, bevor er sich mit seinen Kumpels und einem geschmückten Bierwägelchen in die Wälder aufmacht. Hoffentlich ist dieser merkwürdige Brauch nicht auch ein Teil unserer Leitkultur …

Ich bin gleich fertig mit meinem Lamento, aber eine Sache ist ja doch so skurril, dass sie nicht unerwähnt bleiben soll: was für ein Männer-bzw. Frauenbild transportieren diese säkularen Feierlichkeiten zum Mutter-bzw. Vatertag? Mutti kriegt Blumen und Pralinen und einen Familienausflug und Vati Alkohol und zwar ohne die Familie. Falls einen nichts anderes am Himmelfahrtstag in die Kirche treiben würde – der Protest gegen solchen Unsinn sollte es in jedem Fall tun.

Weltliche Ersatzbräuche gewinnen immer da Raum, wo der eigentliche Sinn eines Feiertages nicht mehr bekannt ist oder die emotionalen Zugänge fehlen. Für Christi Himmelfahrt trifft beides zu. Es fragen sich sicher auch viele Christen, was das eigentlich sein soll. Was und wo ist der Himmel? Und was macht Jesus da? Sitzt er da jetzt fest? Und was hat das mit mir zu tun?

Kinder fragen ja gerne mal: „Wo wohnt der liebe Gott?" Und ganz schnell lautet die Antwort: „Im Himmel." Dabei hat die Mutter doch letzten Sonntag noch behauptet, der liebe Gott wohne in der Kirche.

König Salomo stand vor dem gleichen Dilemma bei der Antwort auf diese Frage. Er hatte einen wunderbaren Tempel für Gott gebaut, einen Ort für seine Gegenwart. Und als dieser Tempel geweiht wird, spürt Salomo im Gebet: „... der Himmel und aller Himmel Himmel können dich nicht fassen".

Dass Zeit für Gott keine Rolle spielt, weil er ewig ist, erscheint logisch. Dass auch der Raum keine Rolle spielt, weil er allgegenwärtig ist, ist vielen nicht bewusst. Jesus ist nach der Himmelfahrt natürlich nicht „weg." Neulich sagte jemand in einer Diskussion den entlarvenden Satz: „Wenn Jesus heute noch leben würde ...". Ja wie, lebt er denn nicht? Anderes Beispiel: „Wenn Jesus jetzt hier bei uns wäre ..." Aber er ist doch da. Der Brauch, im Gottesdienst zu Christi Himmelfahrt nach dem Evangelium die Osterkerze zu löschen, macht das sehr schön deutlich. Christus ist noch da, aber die Weise seiner Gegenwart hat sich geändert. Sie ist nicht mehr sichtbar wie zur Zeit seines Erdenlebens und punktuell nach der Auferstehung. Er kehrt zurück in die Art und Weise, in der er vor aller Zeit und Welt schon bei seinem Vater war. Wir nennen das Himmel, aber wir meinen nicht einen konkreten Ort damit.

Ja, das Fest Christi Himmelfahrt ist eine Herausforderung. Man muss sicher jedes Jahr neu wieder darüber nachdenken, was es bedeutet, dass Christus zur Rechten seines Vaters sitzt und gleichzeitig bei jedem von uns sein kann. Wobei in dieser Paradoxie die Lösung liegt: er kann jedem überall ganz nahe sein und leibhaftig mit seinem Leib und Blut auf Millionen Altären gleichzeitig, weil er im Himmel ist. Und der ist überall.

## 6. Sonntag nach Ostern – Exaudi

# Warten auf den Heiligen Geist

Wenn aber der Tröster kommen wird, den ich euch senden werde vom Vater, der Geist der Wahrheit, der vom Vater ausgeht, der wird Zeugnis geben von mir.

Johannes 15,26

Irgendwie ist der Sonntag Exaudi ja traurig: der Herr Jesus ist weg, der Heilige Geist noch nicht da und die Gemeinde im Kurzurlaub. Und dann auch noch so ein schwer verständlicher Satz, um uns das alles zu erläutern.

Wenn es um Weihnachten oder Ostern geht, ist ja vielen Menschen in Grundzügen wenigstens klar, worum es geht. Aber dann kommen Himmelfahrt und Pfingsten. Eigentlich kein Wunder, dass diese Feiertage ein Schattendasein führen. Was und wie soll man sich das bloß alles vorstellen. Jesus geht zum Vater. Das ist Himmelfahrt. Jesus sendet den heiligen Geist. Das ist Pfingsten. Am Sonntag dazwischen, der den Namen Exaudi trägt, geht es darum, was das mit uns zu tun hat und wozu es gut ist.

Zu allen Zeiten haben Christen versucht, der geheimnisvollen Wirklichkeit, dass Gott nur einer und doch dreifaltig ist, nachzuspüren oder Symbole dafür zu finden. In Irland gestaltete man zum Beispiel Bilder aus ineinander verschlungenen Linien, um darüber zu meditieren. Ähnlich verschlungen mit ineinander übergehenden Aussagen scheint mir auch der Satz zu sein, den Jesus zu seinen Jüngern sagte. Das Gesagte ist so schwer zu fassen, dass sich die Kirchen des Ostens und des Westens bis heute nicht einig sind, ob der Heilige Geist nun vom Vater oder vom Vater und dem Sohn, Jesus Christus, ausgeht.

Auch die Jünger Jesu verstanden erst einmal gar nichts. Was wird passieren, wenn ihr Herr nicht mehr hier auf der Erde bei ihnen ist? Auf diese Frage antwortet Jesus: Wenn ich wieder beim Vater im Himmel bin, schicke ich euch den Heiligen Geist. Der Heilige Geist tut zwei Dinge. Er ist ein Tröster, das Wort bedeutet auch Anwalt, und Fürsprecher, der den Christen beisteht. Der Heilige Geist verkündigt und bezeugt weiterhin Jesus. Modern ausgedrückt: Der Heilige Geist sorgt dafür, dass die Kommunikation zwischen den Jüngern und Jesus nach der Himmelfahrt nicht abreißt. Das funktioniert, weil der Geist vom Vater ausgeht, also auch Gott ist.

Die Tage zwischen Himmelfahrt und Pfingsten waren früher eine besondere Zeit des Gebetes um den Heiligen Geist. Vielleicht kann es ja in diesem Jahr auch für Sie ein Angebot sein, wieder einmal bewusst über das Geheimnis des dreieinigen Gottes nachzudenken und um das Kommen des Trösters zu bitten. Auf solchen „Zwischenzeiten“ liegt oft ein besonderer Segen.

Du bist ein Geist, der lehret,
wie man recht beten soll;
dein Beten wird erhöret,
dein Singen klinget wohl,
es steigt zum Himmel an,
es lässt nicht ab und dringet,
bis der die Hilfe bringet,
der allen helfen kann.

Paul Gerhardt

Herr, Heiliger Geist, ich danke dir, dass du mir in meiner Taufe den rettenden Glauben geschenkt, mich erlöst und zu einem Kind Gottes gemacht hast.
Ich danke dir, dass du mich zum Leben berufen und in deine Kirche gestellt hast.
Ich danke dir für alle Brüder und Schwestern, die du mir als Geschwister an die Seite gestellt hast. Erfülle mich, uns alle, deine ganze Kirche, mit deiner Liebe, mit Glauben und Hoffnung. Amen

## Tag der Ausgießung des Heiligen Geistes – Pfingstsonntag

# Der Heilige Geist

Aber der Tröster, der Heilige Geist, den mein Vater senden wird in meinem Namen, der wird euch alles lehren und euch an alles erinnern, was ich euch gesagt habe.

Johannes 14,26

Kaum etwas ist so deprimierend wie ein Sonntagabend auf dem Bahnhof. War am Freitag noch alles erfüllt von Vorfreude und Fragen wie: „Soll ich für heute Abend Pizza bestellen oder gehen wir Döner essen?", trösten nun ziemlich blasse junge Männer ihre weinenden Freundinnen und bedrückte Väter verabschieden sich von ihren Kindern: „Nur fünfmal schlafen …"

Überall Abschied. Und Abschiede sind in der Regel nicht schön, weil man immer etwas zurücklässt. Noch trauriger ist es vielleicht für die, die zurückgelassen werden. So ging es auch den Jüngern, als Jesus sie darauf vorbereiten musste, dass die Zeit seiner leiblichen Gegenwart auf dieser Erde bald an ein Ende kommen würde. Man muss sich das einmal vorstellen. Diese Menschen hatten alles verlassen und waren ihm nachgefolgt. Sie hatten ihr ganzes Leben auf diese eine Karte des Gottesreiches gesetzt und nun sah es so aus, als stünden sie total allein da. Aber Jesus verspricht ihnen einen Tröster, einen Beistand, durch den er nach wie vor für sie sorgen wird. Wie soll man sich das vorstellen?

Nehmen wir doch mal die Situation am Bahnhof. Was, wenn der junge Mann dafür gesorgt hätte, dass seine Freundin nicht in eine leere Wohnung zurückkehren muss, sondern von Nachbarn abgeholt und zum Essen eingeladen wird. Und wenn sie dann nach Hause kommt, findet sie einen Umschlag mit Briefen von ihrem Liebsten, einen für jeden Tag, an dem er weg ist. Oder was, wenn der Familienvater eine Freundin der Familie angerufen und sie gebeten hätte, mit dem jüngsten Kind am Montagnachmittag die Vorsorgeuntersuchung beim Kinderarzt zu absolvieren oder wenn er einen Kumpel gefragt hätte, ob er das kaputte Fahrrad reparieren und die Wasserkisten schleppen könnte? Dann hätten diejenigen, die zurückbleiben, einen „Beistand", einen „Tröster".

Das griechische Wort für diese Begriffe bezeichnet sogar auch den Rechtsbeistand. Dann hätte die Mutter, die die Woche allein mit den Kindern verbringt, einen Anwalt, der sie zum Gespräch mit der gefürchteten Schulleiterin begleitet und für die nötige Drohkulisse sorgt. Oder zur Deeskalation beiträgt, je nachdem.

So einen, der euch beisteht, wird der Vater senden, sagt Jesus. Das ist der Heilige Geist. Wir wissen oft nicht, wie wir uns den vorstellen sollen. Er sieht jedenfalls nicht aus wie eine in Regenbogenfarben schillernde verunglückte Friedenstaube, auch wenn solche Darstellungen manchmal kirchliche Druckerzeugnisse zieren. Wenn die Bibel uns vom Geist Gottes berichtet, gebraucht sie oft das Wort „wie" – „wie eine Taube von oben herab", „wie ein brausender Wind", „wie Zungen zerteilt von Feuer".

Jesus erzählte seinen Jüngern viel mehr von dem, was der Heilige Geist tun würde. Dass er den Gläubigen beisteht. Dass er sie lehrt und erinnert. Nicht wie ein herumbrüllender Unteroffizier, sondern wie ein Vater, der seinem Sohn eine Million Mal zeigt, wie man Schuhe zubindet oder ein Fahrlehrer, der seine Schüler immer wieder daran erinnert, dass man einen Blinker setzen und in den Rückspiegel schauen muss.

So vom Heiligen Geist zu reden, hilft uns zu verstehen, dass er keine wabernde Geistkraft ist, die manche Christen je und dann in Ekstase versetzt, sondern eine Person, Gott wie Christus und Gott der Vater. Er wird vom Vater und vom Sohn gesandt, um bei den Gläubigen zu sein: er spricht in ihren Herzen, er betet in ihnen, wenn sie keine Worte finden, er schenkt ihnen Schlagfertigkeit und Weisheit, wenn sie angegriffen werden, er gibt ihnen Kraft, er hilft, die Bibel zu verstehen, er bewirkt den Glauben, er ist ein Ratgeber, er tröstet, er erfüllt die ganze Schöpfung, er schenkt Leben …

Wenn es das nächste Mal gefühlt „Sonntagabend auf dem Bahnhof ist", können wir uns an diesen Beistand wenden.

## Pfingstmontag und Pfingstwoche

# Die Gaben des Heiligen Geistes

Es sind verschiedene Gaben; aber es ist ein Geist. Und es sind verschiedene Ämter; aber es ist ein Herr. Und es sind verschiedene Kräfte; aber es ist ein Gott, der da wirkt alles in allen.

1. Korinther 12,4–6

Vielfalt und Gleichheit sind Worte, die in unserer Zeit eine wichtige Rolle spielen. Sie sind sogar so bedeutsam, dass man tunlichst nicht öffentlich äußern sollte, man sei gegen Vielfalt und Gleichheit. Dabei schließen sich rein logisch Vielfalt und Gleichheit manchmal sogar aus.

Das Gegenteil von Vielfalt ist Uniformität. Dabei erspart man sich, auf die Verschiedenheit von Menschen Rücksicht zu nehmen. Das ist sehr bequem. Es scheint ja alles viel einfacher, wenn alle so denken würden wie ich, die gleiche Meinung, die gleichen Vorlieben, die gleichen Prägungen und die gleichen Gaben hätten wie ich. In Wirklichkeit wäre es ein Alptraum. Verschiedenheit bereichert nämlich. Das wussten die Menschen schon, als sie noch in Höhlen wohnten. Es ist ganz und gar sinnvoll, den Feinmotoriker Faustkeile herstellen und den Grobmotoriker das Mammut jagen zu lassen.

Gleichzeitig bedeutet diese Verschiedenheit aber auch, dass nicht jeder alles kann und alles macht. Es entspricht der Wertschätzung von Verschiedenartigkeit, dass das in Ordnung ist. Nicht jeder muss alles können oder wollen. Individualität bedeutet auch immer Begrenzung.

Das wiederum widerspricht vordergründig dem Grundsatz der Gleichheit. Es können nicht alle das Gleiche, und es brauchen nicht alle das Gleiche, und es müssen nicht alle das Gleiche wollen. Es wäre vielmehr geradezu ungerecht, wenn alle immer nur das Gleiche bekämen.

Gott, der Heilige Geist hat offenbar kein Problem mit Verschiedenheit. Damit die Kirche leben kann, braucht es unterschiedliche Begabungen, unterschiedliche Aufgaben und unterschiedliche Kräfte. In ihrem Wert sind die verschiedenen Gaben gleich, sie sind bloß nicht gleichförmig. Soweit so gut. Das Problem entsteht wohl eher da, wo nicht der Heilige Geist die Aufgaben und Ämter durch geistliche Gaben und Berufungen verteilt, sondern die Menschen. Dann wird die Kirche zum Verein, wo es um Posten und Pöstchen und letztendlich um die Aufrechterhaltung des Vereinslebens mit allen Mittel geht.

Dem Heiligen Geist geht es nur um eine Sache, nämlich um Jesus. Das sagt Paulus nur einen Vers davor. Alle Gaben, alle Begabungen haben nur ein Ziel: zu verkündigen, dass Jesus der Herr ist. Wo das geschieht, mit den Mitteln, die Gott dazu bestimmt hat, da ist Kirche, da wirkt der Heilige Geist.

Haben Sie den Terminkalender ihrer Gemeinde schon einmal nach diesen Kriterien betrachtet?

## Tag der Heiligen Dreifaltigkeit – Trinitatis

# Dreieinigkeit

Wahrlich, wahrlich, ich sage dir: Wenn jemand nicht von Neuem geboren wird, so kann er das Reich Gottes nicht sehen.

Johannes 3,3

Manchmal führt man nachts die besten Gespräche. Da sitzt man mit Freunden beim Wein zusammen und nach manchen Diskussionen und lustigen Geschichten werden die Themen plötzlich ernst und persönlich. Manches braucht offenbar den Schutz der Nacht, damit es ausgesprochen werden kann.

Von einem Nachtgespräch erzählt auch der Evangelist Johannes. Jesus hat es mit Nikodemus geführt. Nikodemus war ein Ratsherr in Jerusalem und gehörte zur frommen Gruppierung der Pharisäer. Er konnte es nicht riskieren, in aller Öffentlichkeit mit diesem Wanderrabbi Jesus zu reden, von dem man noch gar nicht genau wusste, was von ihm zu halten wäre. Nikodemus brauchte auch den Schutz der Nacht für sein Gespräch.

Das verblüffende an diesem Dialog ist, dass Fragen und Antworten auf den ersten Blick nicht zusammenpassen. Nikodemus ist höflich, redet Jesus mit „Meister" an und bekennt, dass er ihn für einen von Gott gesandten Lehrer hält. Doch anstatt sich nun für diese Anerkennung zu bedanken, antwortet Jesus auf die eigentlich Frage, die Nikodemus auf dem Herzen hatte, die er aber nicht stellt: „Wie kommt man ins Reich Gottes?"

Für einen Pharisäer lag es nahe, dass es bei dieser Frage darum geht, was man tun muss. Heutzutage ist Pharisäer ja ein Schimpfname für einen Heuchler, der zwar fromm tut, es aber faustdick hinter den Ohren hat. So wie der unschuldig aussehende Kaffee gleichen Namens, in dem unter der Sahne ein ordentlicher Schluck Rum steckt. Aber so ein Pharisäer war Nikodemus gar nicht.

Ich glaube, es laufen auch heute viele „Nikodemusse" herum. Menschen, die alles richtig machen wollen. Leute, die glauben, dass man alles erreichen kann, wenn man sich nur genug anstrengt, ob es um die Bikinifigur oder die Geschäftsbilanz geht. Auch Christen, die sich ständig ängstlich fragen, ob sie noch auf dem richtigen Weg sind. Die glauben, dass Frömmigkeit die Befolgung von Regeln ist. Und dann ist da noch die Angst, beim kleinsten Fehler den erwünschten Lohn vielleicht doch nicht zu bekommen. Dabei meinen sie es wirklich ernst.

Unausgesprochen sagt Jesus zu Nikodemus, was man all diesen unglücklichen „Nikodemussen" auch gerne zurufen würde: Entspann dich! Das Wesentliche, ja sogar das Entscheidende, kannst du nicht selbst tun. Man kann sich verwirklichen, wenn man will, man kann sich immer wieder neu erfinden, aber sich selbst auf die Welt bringen, das kann man nicht. Also muss man es auch nicht.

Jesus hat es natürlich anders gesagt: Der Mensch muss von Neuem, oder von oben, wie man noch treffender übersetzen kann, geboren werden. Nikodemus verstand aber „von Neuem", und wollte wissen, wie das einem Erwachsenen möglich sein sollte. Also legt Jesus noch einmal nach. Der Mensch wird durch Wasser und durch Geist neu bzw. von oben geboren. Nikodemus wird dieses Wort im Licht der Verheißungen des Alten Testaments gehört haben, in denen Gott ja durch Jesaja und Hesekiel versprochen hatte, Wasserströme auf das Durstige zu gießen und den neuen Geist in die Herzen zu geben. Schon für den Evangelisten Johannes und auch für uns sind die Aussagen Jesu ein Hinweis auf die Taufe.

Aber die Taufe ist kein Werk, das wir tun, keine Eintrittskarte, die wir lösen. Sondern durch sie wird ein Mensch durch das Taufwasser und den heiligen Geist von neuem, von oben, also von Gott geboren. So wie das natürliche Leben ein Geschenk der Eltern an ihr Kind ist, so ist das geistliche, das ewige Leben oder auch das Reich Gottes ein Geschenk Gottes an seine Kinder.

Also Nikodemus, entspann dich! In Jesus ist das Reich Gottes da. Und mit dem redest du ja grade. Dann bist du also schon mitten drin! Und wir sind es auch – durch Wasser und Geist.

Wir sind die zarten Reben,
der Weinstock selbst bist du,
daran wir wachsen, leben
und bringen Frucht dazu.
Hilf dass wir an dir bleiben
und wachsen immer mehr;
dein guter Geist uns treibe
zu Werken deiner Ehr!

Johann Mühlmann

Dreieiniger Gott, jedem Anfang
wohnt ein Zauber inne.
Auch dem Anfang eines Lebens
im Glauben. Und doch erfahre ich
in meinem Leben als Christ,
wie schnell mich die Sorgen und
Freuden des Alltags einholen und
vieles überwuchern,
was mich zuvor getröstet und
begeistert hat. Halte mich darum
fest bei dir. Amen

## 1. Sonntag nach Trinitatis

# Nächstenliebe

Er aber wollte sich selbst rechtfertigen und sprach zu Jesus: Wer ist denn mein Nächster?

Lukas 10,29

Weil der Fragensteller ein Schriftgelehrter war, wusste er sehr gut, dass man Gott und den Nächsten lieben sollte. Das stand so in den Heiligen Schriften, alles klar also. Es gibt eine Menge Dinge, die theoretisch glasklar sind, aber nie praktische Konsequenzen haben.

Doch der Schriftgelehrte bittet nicht einfach um Anregungen für sein alltägliches Leben. Nein, er will sich mit seiner Frage innerlich vom Anspruch des Gebotes der Nächstenliebe distanzieren. Dazu nutzt er die subtile Methode des Hinterfragens. Also nicht: „Ja, sollte Gott gesagt haben …?" – das wäre ja nicht fromm. Stattdessen: „Gott mag zwar etwas gesagt haben, aber wir müssen ja erst mal herausfinden, was er gemeint hat."

Jesus lässt sich darauf ein und erzählt ein Gleichnis: Ein Mann wird auf der einsamen, felsigen Straße zwischen Jericho und Jerusalem von Räubern überfallen, ausgeraubt und verletzt seinem Schicksal überlassen. Da der Weg nach Jerusalem führt, kommen zuerst ein Tempeldiener und dann ein Priester vorbei, die wahrscheinlich zum Gottesdienst in den Tempel mussten. Das war eine heilige Pflicht. Die Priester und Leviten wohnten nicht alle in Jerusalem, sondern gingen in die Stadt, wenn sie mit dem Tempeldienst dran waren. Beide lassen den Verletzten einfach liegen. Vielleicht aus Zeitmangel, noch wahrscheinlicher aber, weil sie kultisch unrein geworden wären, wenn sie Blut oder gar eine Leiche angefasst hätten. Sie fürchteten also, sonst keinen Gottesdienst mehr halten zu können.

Jesus sagt mit seinem Gleichnis: Leute, euer Gottesdienst findet bei denen statt, die da grade blutend im Dreck liegen. Lasst bloß die fromm klingenden Ausflüchte sein! Es ist nämlich tatsächlich klar und einfach.

Und dann setzt er noch eins drauf und erzählt weiter: Endlich kommt ein Ausländer aus Samarien. Er sieht den Verletzten, desinfiziert seine Wunden, macht seinen Esel zum Krankenwagen und bringt ihn in ein Gasthaus, das er auch noch bezahlt. Das war für Jesu Hörer ziemlich schwer zu akzeptieren. Juden verachteten Samariter und hielten sie für religionsvermischende Heiden. Und so einen wählt Jesus zum Vorbild!

„Geh hin und tue desgleichen" (Lukas 10,37). Der Samariter hat dem Juden geholfen. Der Nächste ist der, den Gott mir blutend vor die Füße legt. Das könnten buchstäblich die Opfer einer Messerstecherei sein, die der Notfallseelsorger beruhigen muss. Jesus hat da mal so eine Liste genannt, wer alles in Frage kommt: Hungernde. Fremde. Gefangene. Kranke (Matthäus 25,31–46). Christliche Barmherzigkeit bekommt, wer sie braucht. Alles klar?

## 24. Juni – Tag der Geburt Johannes des Täufers (Johannis)

# Der Vorläufer Jesu

Er muss wachsen, ich aber muss abnehmen.

Johannes 3,30

Als Trauspruch eignet sich dieser Bibelvers nur sehr bedingt, besonders falls die Braut nicht ganz grazil und der Bräutigam etwas zu kurz geraten sein sollte. Dabei stammt dieses Wort, dass uns von Johannes dem Täufer überliefert wurde, aus dem Vergleich mit einer Hochzeit. Nur dass es bei dem Vergleich nicht um Braut und Bräutigam, sondern um den Bräutigam und einen Freund geht. Johannes meinte: „Bei einer Hochzeit steht der Bräutigam im Mittelpunkt, nicht sein Freund. Der steht nur daneben und freut sich für ihn." Das ist ja heute noch so. Der Trauzeuge oder wie man im englischen Sprachgebiet sagt, der „best man" des Bräutigams, ist schon wichtig, aber er ist nicht die Hauptperson. Das gilt natürlich umgekehrt auch für die Brautjungfern und alle weiblichen Hochzeitsgäste. Keine darf prächtiger gekleidet sein als die Braut. Es ist ihr Tag.

Wie ein Trauzeuge bestimmte Aufgaben hat, also zum Beispiel eine Rede zu halten oder die Ringe im richtigen Augenblick parat zu haben, hatte auch Johannes der Täufer eine Aufgabe. Er sollte Jesus ankündigen und das Volk auf seine Ankunft vorbereiten. Johannes war ein halbes Jahr vor Jesus geboren. Zwischen einem Neugeborenen und einem Baby von sechs Monaten sieht man deutliche Unterschiede. Aber schon bei einem Schulkind sieht man den Altersunterschied nicht mehr, viel weniger bei einem Erwachsenen. Außerdem waren Johannes und Jesus über die mütterliche Seite der Familie miteinander verwandt. Auch die Geburt des Täufers umgaben wunderbare Geschichten. Offensichtlich bestand eine gewisse Verwechslungsgefahr. Darum musste Johannes klarstellen: „Ihr selbst seid meine Zeugen, dass ich gesagt habe: Ich bin nicht der Christus, sondern ich bin vor ihm her gesandt" (Johannes 3,28). Und deshalb muss Johannes in seiner Bedeutung abnehmen, Jesus aber wachsen.

Mit Johannes geht die Zeit des Wartens auf den Messias Israels zu Ende. In Jesus bricht das Reich Gottes an. Voller Demut erkennt Johannes den Größeren an. Aber umgekehrt hat auch Jesus ihn anerkannt: „Wahrlich, ich sage euch: Unter allen, die von einer Frau geboren sind, ist keiner aufgetreten, der größer ist als Johannes der Täufer; der aber der Kleinste ist im Himmelreich, ist größer als er" (Matthäus 11,11).

Die Kirche folgt also dem Wort ihres Herrn, wenn sie Johannes einen Ehrentag im Kirchenjahr zuweist. Am 24. Juni, genau ein halbes Jahr vor Weihnachten, dem Geburtstag Jesu, feiert sie den Gedenktag Johannes des Täufers. Für die Christen auf der Nordhalbkugel der Erde wird so auch der Lauf der Sonne zu einem Gleichnis für die Worte: Er muss wachsen, ich aber muss abnehmen. Darum singen wir zum Johannistag:

Nun stehn wir wieder an der Wende.
Das Licht hat seinen Lauf vollbracht.
Die Sonne neigt sich hin zum Ende,
zu Tal und Tod und Herbst und Nacht.

Nur Einer wandert durch die Zeiten,
und er bleibt immer, der er ist:
Das Licht der Welt von Ewigkeiten
kommt her, von Gott, heißt Jesus Christ.

Die Kirche steht gegründet
allein auf Jesus Christ,
sie, die des großen Gottes
erneute Schöpfung ist.
Vom Himmel kam er nieder
und wählte sie zur Braut,
hat sich mit seinem Blute
ihr ewig angetraut.

Anna Thekla von Weling

Gütiger Gott, du hast es in deiner Kirche immer wieder Abend werden lassen, damit deine Christenheit hoffnungsvoll auf die Verheißungen vertraut, die dein Sohn, der Morgenstern Jesus Christus, hinterlassen hat. Ich danke dir, dass du deine Kirche immer wieder erneuerst, reinigst von falscher Lehre, sie in alle Wahrheit leitest und sie zur Umkehr führst. Heiliger Geist, erneuere deine Kirche und fange bei mir an. Amen

## 25. Juni – Gedenktag der Augsburgischen Konfession

# Übergabe des Augsburgischen Bekenntnisses 1530

Ich rede von deinen Zeugnissen vor Königen und schäme mich nicht.
Psalm 119,46

Sieben Fürsten und die Vertreter zweier freier Reichsstädte übergaben am 25. Juni 1530 auf dem Reichstag in Augsburg eine Bekenntnisschrift, in der sie ihren lutherischen Glauben darlegten, an Kaiser Karl V. Ob die Beteiligten damals an diesen Bibelvers gedacht haben, der vom Glaubenszeugnis vor Königen und dem Nicht-Schämen redet?

Jedenfalls denken wir heute daran und rufen uns mit Dankbarkeit in Erinnerung, was dieses Grundbekenntnis der Lutheraner bedeutet. Es ist überhaupt ein guter Anlass, einmal darüber nachzudenken, was das bedeutet: ein Bekenntnis haben. Nehmen wir mal Beispiele aus dem Bereich der Familie: „Schatz, ich muss dir was bekennen.“, Das lässt nichts Gutes ahnen. „Sie hat sich nun endlich zu ihren Gefühlen bekannt.“ Ob das gut oder schlecht ist, hängt von den Gefühlen ab. „Wir bekennen uns zueinander.“ Das ist gut.

Etwas bekennen oder sich zu etwas bekennen hat in diesen Fällen die Bedeutung: zu etwas stehen. Die Verantwortung für etwas übernehmen. Eine Wahrheit aussprechen. Eine Tatsache nach außen hin klarstellen. Eine verbindliche Erklärung abgeben.

Es kann sein, dass so etwas in unserer Welt gerade keine Konjunktur hat. Wenn ich zu etwas stehe, sogar etwas eingestehe, wenn ich verbindliche Aussagen machen, dann lege ich mich ja fest. Dann kann man mich darauf nachher auch festnageln. Dann komme ich aus der Nummer nicht mehr raus.

Aber um bei dem Beispiel zu bleiben: Trotzdem heiraten Menschen. Trotzdem gründen sie eine Familie. Das geht nicht ohne ein Bekenntnis zueinander. Da muss man verbindlich sagen, was jetzt Sache ist. Da muss man Verantwortung übernehmen, auch wenn es unbequem wird. Bei einer Familie gehört so etwas wie Bekenntnis also dazu, auch wenn es nicht so genannt wird.

In der Kirche reden wir auch von Bekenntnis und meinen: wir haben eine Überzeugung, die wir verbindlich erklärt haben. Wir können aussprechen, was wir glauben. Wir stellen klar, was wir für wahr halten und was nicht. Wir haben etwas, zu dem wir stehen, heute und morgen und immer. Wir übernehmen für unsere Beziehung zu Gott Verantwortung.

Das tun wir, auch wenn in uns persönlich die Angst steckt, sich festzulegen. Auch wenn wir manchmal zweifeln, ob nicht doch alles relativ ist. Wir tun das, auch wenn wird dadurch Nachteile haben und auch, obwohl wir uns dann daran messen lassen müssen. Wir stehen mit dem, was wir sind und haben dafür ein.

Und warum? Weil Glaube Inhalte braucht bzw. immer schon hat. Das ist mit der Liebe ja auch so. Man liebt nicht allgemein irgendjemanden, sondern jemanden ganz bestimmten und das hoffentlich auch morgen noch.

Die lutherische Kirche sagt mit ihren Bekenntnisschriften: „Wir glauben, lehren und bekennen …“ und nicht „Wenn es für dich so stimmt, könnte Gott möglicherweise so oder so sein. Vielleicht aber auch nicht.“ Man sagt ja auch: „Ich liebe dich.“ und nicht „Also jetzt gerade und natürlich ohne Gewähr könnte es vielleicht sein, dass ich dich irgendwie liebe.“

Konfirmanden erkläre ich gern anhand des Lutherfilms mit Joseph Fiennes in der Hauptrolle, was ein Bekenntnis haben heißt: Da knien sich die Fürsten auf dem Reichstag in Augsburg vor den Kaiser hin, entblößen den Nacken und sagen: „Los, schlag zu. Aber wir stehen zu unserem Bekenntnis.“ Das ist so nicht historisch, aber es macht etwas deutlich.

Gedenktag der Augsburgischen Konfession: Reden, Mut haben und sich nicht schämen.

## 29. Juni – Tag der Apostel Petrus und Paulus

# Die Apostelfürsten

Als aber Kephas nach Antiochia kam, widerstand ich ihm ins Angesicht, denn er hatte sich ins Unrecht gesetzt.

Galater 2,11

Ein wenig liest sich dieser Satz, den der Apostel Paulus schreibt, wie eine offizielle Mitteilung des englischen Königshauses. Man ahnt, dass es ein Problem gibt, aber man weiß nicht genau, worum es sich handelt.

Immerhin ist klar, Paulus und Kephas, also Petrus, hatten Krach. Eigentlich merkwürdig, auf späteren Bildern sehen die „Apostelfürsten" immer so einträchtig aus. Andererseits aber auch beruhigend, Konflikte gab es in der Kirche also schon immer.

In diesem konkreten Fall ging es darum, welche Regeln für neugewonnene Christen, die keine Juden waren, gelten sollten und wie der Umgang mit Ihnen aussehen konnte. Grundsätzlich einig waren sich Petrus und Paulus darüber, dass auch Nichtjuden das Evangelium zu predigen sei und sie getauft werden sollten. Nur wie man dann in der Gemeinde miteinander umgehen sollte und ob diese Neugetauften vielleicht auch beschnitten werden müssten, darüber herrschte zunächst Unklarheit. Eigentlich waren sich Petrus und Paulus sogar darüber einig, dass die neuen Glaubensgenossen auch als solche behandelt werden müssten, was eben hieß, dass die Trennung zwischen Juden und Heiden keine Rolle mehr spielen sollte. Aber wie das so ist mit eigentlich – als es darauf ankam, wollte Petrus von diesen Grundsätzen nichts mehr wissen. Eigentlich machte er im täglichen Umgang keinen Unterschied zwischen Judenchristen und Heidenchristen und nahm selbstverständlich mit letzteren seine Mahlzeiten ein. Aber als dann eine Abordnung aus Jerusalem unter der Leitung von Jakobus zu Besuch kam, da kippte Petrus um und tat so, als würde er die jüdischen Reinheitsgebote noch beachten und aß nicht mit den Heidenchristen.

Und genau das war der Punkt, an dem Paulus ihm buchstäblich ins Gesicht gesprungen ist. Man kann sich richtig vorstellen, wie er „Du Heuchler!“ geschrien hat. Heuchelei, so nennt er es nämlich ein paar Verse weiter, was Perus da tat. Und er hat seinen Kollegen nicht etwa ein bisschen beiseite genommen dafür, nein, „öffentlich vor allen“ stellt er Petrus zur Rede (Galater 2,14).

Paulus und Petrus hatten sicher menschlich manche Gründe, Probleme miteinander zu haben. Vielleicht war Petrus neidisch auf den gebildeten jüdischen Theologen Paulus. Vielleicht ärgerte sich Paulus, dass er, „Apostel der Heiden“ hin oder her, immer nur die zweite Geige spielen würde, denn der Fels der Kirche war nun mal Petrus. Vielleicht misstraute Petrus der „außerordentlichen Berufung“ des Paulus. Ob es so war, wissen wir nicht, menschlich verständlich wäre es.

Aber genau um diese menschlichen Dinge geht es hier nicht. Paulus konstatiert an Petrus etwas, das er Unrecht nennt. Es geht um die Sache. Eine theologisch wichtige Sache sogar. Daraufhin stellt er ihn öffentlich zur Rede. Das war garantiert sehr unangenehm für Petrus. Aber es war garantiert auch sehr viel besser, als wenn Paulus nun seinerseits feige und heuchlerisch gewesen wäre. Er hätte ja auch schweigen und die Faust in der Tasche ballen können. Er hätte hintenrum bei Jakobus petzen können. Er hätte heimlich über Petrus lästern können. Aber nein, er „widersteht ins Angesicht“.

So gesehen sind die beiden Apostel durchaus auch Vorbilder für die Kirche. Man darf um die Sache streiten – aber richtig. Konflikte brauchen eine Lösung. In dem geschilderten Fall einigten sich Apostel dann, dass den Heidenchristen nur das aufzuerlegen sei, was auch im Alten Testament von denjenigen gefordert wurde, die sich als Nichtjuden zum Volk Gottes halten wollten. Man fand also eine Lösung anhand der Heiligen Schrift.

Wir sollten es auch machen wie Petrus und Paulus. Beim nächsten Streit. Der kommt nämlich bestimmt.

## 2. Sonntag nach Trinitatis

# Einladung zum Glauben

Und der Herr sprach zu dem Knecht: Geh hinaus auf die Landstraßen und an die Zäune und nötige sie hereinzukommen, dass mein Haus voll werde.
Lukas 14,23

Wenn man in einem Internetratgeber das Stichwort: „Einladungen – wen und wie" eingibt, bekommt man eine Fülle von Regeln zu lesen. Wer eingeladen werden muss zu welchem Anlass, wen man keinesfalls zusammen einlädt, ob die Einladung schriftlich erfolgen sollte und wann, welcher Rahmen für welches Ereignis angemessen ist und so weiter ... Das hängt damit zusammen, dass man sich mit einer gelungenen Einladung Freunde macht, im anderen Fall andere Menschen aber auch sehr verletzten kann. Wer jemals das Drama von Einladungen zu Kindergeburtstagen erlebt hat, weiß, wovon die Rede ist. Aber auch Erwachsene haben feine Antennen dafür, wer zu bestimmten Festen eingeladen ist und wer eben ausgeschlossen bleibt.

Jesus hat auch eine Geschichte erzählt, bei der es um eine Einladung zum Abendessen geht. Heutzutage könnte man sich das so vorstellen: Ein reicher Mann lud zu einem abendlichen Bankett ein. Als es alles vorbereitet war, schickte er seinen Chauffeur aus, um die Gäste mit seinem Wagen abholen zu lassen. Doch die Geladenen hatten alle spontan etwas anderes vor. Der eine hatte ein Grundstück erworben und musste es gerade jetzt besichtigen. Ein anderer hatte gerade seinen Fuhrpark beträchtlich erweitert und wollte nun die Fahrzeuge in Augenschein nehmen. Der nächste war gerade frisch verheiratet und fand dies als Grund für eine Absage völlig ausreichend. „Bitte, übermitteln Sie unser herzliches Bedauern, wir sind verhindert." Der Gastgeber war natürlich verärgert. Aber er wollte seine aufwändig vorbereitete Party nun auch nicht ganz ins Wasser fallen lassen. Also beschloss er, dass er Menschen eine Freude machen könnte, sie sonst nicht eingeladen worden wären. Natürlich wollte er auch seinen unhöflichen Gästen damit eine Lektion erteilen. Er schickte seine Angestellten also in Heime für Behinderte und zur Lebensmittelausgabe für Bedürftige um die Menschen dort alle zu seinem Fest zu bringen. Aber der Saal war so groß, dass immer noch Platz war. Da sagte der Gastgeber: „Geht ins Obdachlosenasyl und ins Flüchtlingsheim und drängt die Leute dort, auch zu meinem Fest zu kommen, damit die freien Plätze gefüllt werden. Denn ich sage euch, dass keiner von denen, die zuerst eingeladen waren, bei meiner Party dabei sein wird."

Der Gastgeber hatte alles richtig gemacht. Er hatte alle Regeln des höflichen Umgangs gewahrt. Es lag an den Gästen. Vermutlich wollten sie den Gastgeber gar nicht absichtlich beleidigen. Sie haben nur nicht gemerkt, dass diese Einladung wichtiger war als ihre durchaus verständlichen Gründe abzusagen.

Jesus fasst mit seiner Erzählung in Worte, was ihm mit seinen Zuhörern passiert ist. Sein Volk, dem er predigte, war als das auserwählte Volk zu allererst von Gott in die Gemeinschaft mit ihm eingeladen. Die Propheten vor ihm, aber vor allem Jesus selbst, ist die Einladung Gottes in Person. Und was passiert? Die Geladenen lehnen ab. Sie wollen nicht. Okay, erklärt Jesus, wenn ihr die große Einladung so ausschlagt, dann wundert euch bitte nicht, dass dann andere von Gott gebeten, ja gedrängt werden, auch zu Gottes Fest in seinem Reich zu kommen. Und zwar die, die ursprünglich einer Einladung nicht würdig waren, die Heiden.

Das sollten wir als Christen aus den Heidenvölkern nicht vergessen. Der Apostel Paulus schreibt: „Verstockung ist einem Teil Israels widerfahren, bis die volle Zahl der Heiden hinzugekommen ist. Und so wird ganz Israel gerettet werden …" (Römer 11,25f). Dass die zuerst Eingeladenen zunächst ablehnten, hat uns die Türe geöffnet. Das ist Gnade und keine Selbstverständlichkeit.

Jesus hat nicht erzählt, wie die Geschichte weitergeht. Haben denn die nachträglich Eingeladenen freudig zugesagt? Der offene Schluss war bei seinen Gleichnissen oft beabsichtigt als eine Frage an die Zuhörer, also an uns auch. Lassen Sie uns es doch einmal als Anlass nehmen, neu auf die Einladungen zu achten, die Gott in unserem Leben ausgesprochen hat und die er uns immer wieder schickt.

## 3. Sonntag nach Trinitatis

# Jesus nimmt die Sünder an

Dieser nimmt die Sünder an und isst mit ihnen.

Lukas 15,2

Mir ist völlig unbegreiflich, wie man sich zu einem romantischen Abendessen in einer Sushi-Bar verabreden kann. Es gibt doch nichts einsameres, als auf seinem Hocker zu sitzen und aufzupassen, wann das Rollband das nächste Tellerchen mit etwas vorbeischickt, das man essen möchte. Tintenfisch? Nein. Gurke? Wozu bin ich hier! Jakobsmuschel? Zu teuer? Lachs? Na endlich! und so geht es weiter. Mit dem eigentlich beabsichtigten Gespräch wird es wohl nichts, denn der oder die andere muss ja auch aufpassen, was es zu essen gibt und schnell das Tellerchen vom Band angeln, bevor es ein anderer tut. Man kann sich auch leider nicht in die Augen sehen, denn man sitzt ja nebeneinander und schaut, wie gesagt, auf die Tellerchen. Mit dem, was man Tischgemeinschaft nennt, hat das jedenfalls wenig zu tun.

Eigentlich ist so eine Sushi-Bar ein richtig gutes Beispiel für unser Leben heute, wenn man es so philosophisch sehen will. Ob ich ein neues Auto brauche oder einen neuen Partner, in der digitalen Welt findet sich ein riesiges Angebot. Ich muss bloß dasitzen wie vorm Sushi-Rollband und meine Auswahl treffen: zu groß, zu klein, zu hässlich, zu problematisch, na vielleicht, geht so, oh ja …

Den Autos ist das egal, aber was ist mit den Menschen, die auf diese Art und Weise dauernd aussortiert und sozusagen vom Tisch gewischt werden? Die also nie eine Einladung zum Essen irgendwo kriegen werden, auch nicht in die Sushi-Bar?

Im Grunde ist dieses Bewerten von Menschen gar nichts Neues. Es gibt sicher auch für uns Menschen, mit denen wir nicht an einem Tisch sitzen möchten. Entweder, weil unsere Abneigung gegen sie unüberwindlich ist oder weil wir irgendetwas an Ihnen eklig finden. Es gab schon zur Zeit Jesu Menschen, mit denen niemand an einem Tisch sitzen wollte. Damals hatte das mehr moralische Gründe als ästhetische. Jeder Jude, der seine Bibel kannte, hatte Psalm 1,1 im Ohr: „Wohl dem der nicht wandelt im Rat der Gottlosen, noch tritt auf den Weg der Sünder, noch sitzt, wo die Spötter sitzen …". Dazu kamen oft Gründe der religiösen Reinheit oder Unreinheit, die besonders das gemeinsame Essen verhinderten.

Und dann kam Jesus und scherte sich keinen Deut um all diese Dinge. Er sortierte nicht aus. Er verweigerte denen nicht die Gemeinschaft, denen er sie als heiliger Gottessohn eigentlich in jedem Fall hätte verweigern müssen. Sein soziales Umfeld war empört: „Dieser nimmt die Sünder an und isst mit ihnen." Jesus hat damit bewusst ein Zeichen gesetzt.

Gott sitzt nämlich nicht am himmlischen Rollband und nimmt Bewertungen vor. Jener ja, dieser nein, die mal sehen. Wenn er aussortieren wollte, müsste er alle aussortieren. Das haben die Menschen, die Jesus damals kritisierten, nicht verstanden. Wenn er Gemeinschaft verweigern wollte, müsste er sie allen verweigern. Da er genau das nicht will, sind umgekehrt auch alle an seinen Tisch eingeladen. Und dann war es zu erleben, wie diese Annahme und vergebende Liebe Menschen nicht so ließ, wie sie waren. Der Zöllner Zachäus, der den Schaden wieder gut machen wollte, den er angerichtet hatte oder die Ehebrecherin, die hinfort nicht mehr sündigen sollte sind Beispiele dafür, dass die Gemeinschaft mit den Sündern Jesus nicht zum Sünder, sondern die Sünder zu Gerechten machte. Jesus saß bei den Gottlosen, den Sündern und Spöttern, damit sie genau das nicht bleiben mussten.

So macht er das übrigens auch bei uns heute …

## 4. Sonntag nach Trinitatis

# Richten und Verurteilen

Du Heuchler, zieh zuerst den Balken aus deinem Auge, danach kannst du sehen und den Splitter aus deines Bruders Auge ziehen.

Lukas 6,42

„Seid barmherzig! Richtet nicht! Verdammt nicht! Vergebt! Gebt!", hat Jesus gesagt. Da fragt man sich doch, ob ihm sein Bodenpersonal eigentlich zuhört heutzutage. Früher kannte man das Wort „Richtgeist", um zu beschreiben, wie das ganze Denken und Fühlen eines Menschen darauf ausgerichtet sein kann, geradezu zwanghaft andere zu bewerten, um sie abzuwerten.

Es gibt psychologische Erklärungen für solch eine Haltung, die letztendlich den vom Richtgeist Beherrschten selbst am unglücklichsten macht. Oft ist es ein schwaches Selbstwertgefühl, das Menschen ständig nach links und rechts schielen lässt, um sich zu vergewissern, dass es auf jeden Fall schlechtere Menschen gibt als sie selbst. Oft ist es auch eine Fixierung auf ein bestimmtes Thema. Dann sieht der selbsternannte Verkehrspolizist nur noch Falschparker. Weil er sie sehen will. Und weil er so andauernd über sein Lieblingsthema reden kann: das Parken.

Allerdings geht es Jesus nicht um ein paar psychische Schrulligkeiten. Sondern um den handfesten Schaden, den das Richten über andere anrichtet. Schonungslos kündigt er dem Unbarmherzigen an, dass er mit seiner Haltung das Maß festlegt, mit dem er selbst gemessen werden wird.

Aber was soll das Bild vom Splitter und vom Balken, die sich im Auge eines Mitbruders befinden, abgesehen davon, dass Balken im Auge eher selten in der Realität vorkommen?

Einen Splitter im Auge, das kann man sich vorstellen, vielleicht vom Holzhacken oder so etwas. Dieser Splitter ist da, ganz objektiv. Es ist aber nicht gut, dass er da ist, sondern er muss raus. Soweit können wir folgen. Jesus meint damit, bei jemandem ist etwas nicht in Ordnung, er macht etwas falsch.

Es gibt Menschen, die wollen um keinen Preis andere richten oder verurteilen. Das ist an sich lobenswert, aber in der Konsequenz fatal. Sie sagen einfach: „Es gibt keinen Splitter.“ Was nebenbei bemerkt auch bequemer ist. Nur leider stimmt es nicht und das Auge beginnt zu eitern.

Dann gibt es die anderen, die nichts lieber tun, als anderen im Auge herumzufuhrwerken und Splitter zu suchen. Selbstverständlich nur zum Besten des armen Augengeschädigten. Sie lieben Splitter und finden überall Zeitgenossen, die welche gezogen bekommen müssten. In der Regel tun sie das dann auch gerne ungefragt mit Brachialgewalt.

Und da sagt Jesus: Stopp. Ihr sehr überall Holz, weil ihr einen Balken im Auge stecken habt. Und weil man mit einem Balken im Auge nicht wirklich etwas sehen kann, gefährdet ihr auch noch die Leute mit den Splittern. Sorgt erst mal bei euch selbst für klare Sicht und dann kümmert euch um die anderen.

Die meisten Menschen neigen dazu, ihre eigenen Fehler für kleiner und die der anderen für größer zu halten, als sie wirklich sind. Wenn es uns bei nächster Gelegenheit so geht, dann sollten wir kurz nachdenken, was hier eigentlich ein „Splitter“ und was ein „Balken“ ist. Aus dem Auge raus müssen übrigens beide …

## 2. Juli – Tag des Besuchs Marias bei Elisabeth

# Maria besucht Elisabeth

Und es begab sich, als Elisabeth den Gruß Marias hörte, hüpfte das Kind in ihrem Leibe. Und Elisabeth wurde vom Heiligen Geist erfüllt und rief laut und sprach: Gesegnet bist du unter den Frauen, und gesegnet ist die Frucht deines Leibes!

Lukas 1,41f

Martin Luther war bereits ein erfahrener Familienvater, als er jungen Studenten die Geschichte von Abraham und Sara erklären musste und vor allem, warum die Geburt ihres Sohnes Isaak ein solches Wunder gewesen ist. Sara war nämlich schon zu alt, um noch Kinder zu bekommen und Luther sah sich genötigt, seinen jungen Hörern einige grundlegende biologische Tatsachen zu vermitteln, damit die auch begreifen konnten, was „zu alt" bedeutet.

Im Alten Testament gibt es noch eine andere Erzählung, in der eine Schwangerschaft durch Gottes Eingreifen zustande kommt, nämlich bei Hanna, der Mutter des Propheten Samuel. Hanna war unerklärlicher Weise unfruchtbar und litt sehr darunter. Auf ihr inständiges Gebet hin schenkte Gott ihr einen Sohn. Isaak, Samuel – Kinder der Verheißung, geboren für besondere Aufgaben.

Und nun geht es im Neuen Testament weiter. Von Elisabeth und ihrem Mann heißt es: „Und sie hatten kein Kind; denn Elisabeth war unfruchtbar, und beide waren hochbetagt" (Lukas 1,7). Man muss nicht so deutlich werden wie Vater Luther bei seinen Studenten, um klar zu machen: eine Schwangerschaft ist bei Elisabeth eigentlich ausgeschlossen. Und doch war dieses Wunder, das ja noch unwahrscheinlicher war als bei Sara oder Hanna, geschehen. Und sogar ohne dass Elisabeth alle Hebel dafür in Bewegung gesetzt hätte wie Sara oder völlig verzweifelt war wie Hanna. Nein, Gott hatte die Initiative ergriffen und es ihr geschenkt, dass sie und ihr Mann Zacharias nun einen Sohn erwarteten: Johannes, den man später den Täufer nennen würde. Wieder ein Kind der Verheißung für eine besondere Aufgabe.

Aber Gott überbietet auch dieses Wunder noch einmal. Maria wird schwanger. Als der Engel Gabriel ihr dies ankündigt und Maria sich einverstanden erklärt, den Sohn Gottes zur Welt zu bringen, muss sie aber doch eine Frage stellen: „Da sprach Maria zu dem Engel: Wie soll das zugehen, da ich doch von keinem Manne weiß?" (Lukas 1,34). Eine Frau, die unfruchtbar ist oder jenseits des gebärfähigen Alters, bekommt wahrscheinlich kein Kind. Eine Jungfrau bekommt ganz sicher kein Kind.

Aber bei Gott ist kein Ding unmöglich, so sagt es auch der Engel Gabriel zu Maria und erzählt ihr, dass ihre Verwandte Elisabeth auch guter Hoffnung sei. Elisabeths Schwangerschaft ist das Zeichen für Maria.

Maria will dieses Zeichen sehen und macht sich auf den Weg zu Elisabeth. Als sie das Haus der Verwandten betritt und sie begrüßt, passiert etwas Erstaunliches. Elisabeth weiß sofort, dass Maria auch schwanger ist und Gottes Sohn trägt. Eine beginnende Schwangerschaft bei einer so jungen Erstgebärenden, wie Maria es wohl war, sieht man nicht einfach so. Elisabeth muss ja auch nichts sehen, sie spürt die Reaktion ihres Sohns und kann sie in prophetischer Weise deuten. Dass Ungeborene bereits hören können, hier also Johannes die Stimme Marias, weiß man mittlerweile. Dass Ungeborene auch glauben können, erfahren wir an dieser Geschichte. Nicht nur Maria und Elisabeth begegnen sich, es treffen sich auch Jesus und Johannes zum ersten Mal.

Daran denkt die Kirche am Fest „Mariä Heimsuchung", das bedeutet „Marias Besuch". Voll Dankbarkeit schauen wir auf das Wunder Gottes, der Maria das Kind der größten Verheißung und für die größte Aufgabe geschenkt hat: Jesus, den Retter der Welt.

Und dazu staunen wir über die Liebe Gottes, der der verunsicherten, jungen Mutter seines Sohnes die starke ältere Verwandte an die Seite gestellt und Jesus den Vorläufer Johannes geschenkt hat.

Machen wir es wie Maria und Elisabeth und loben ihn dafür.

## 5. Sonntag nach Trinitatis

# Predigt

Da Simon Petrus das sah, fiel er Jesus zu Füßen und sprach: Herr, geh weg von mir! Ich bin ein sündiger Mensch.

Lukas 5,8

Es ist ziemlich bemerkenswert, was Petrus da gesehen hatte und wie er darauf reagierte. Jesus predigte am Ufer des Arbeitsplatzes von Petrus, am See Genezareth. Petrus und seine Kollegen hörten zu, während sie noch ihre Netze sauber machten nach getaner Arbeit. Sie waren allerdings nicht die einzigen Zuhörer, so dass es am Ufer ziemlich eng wurde. Daraufhin hatte Jesus sich ein Boot ausgeliehen, das Petrus gehörte und es als Kanzel benutzt. Nachdem er fertig war, bezahlte er quasi eine Leihgebühr. Er schickte Petrus und seine Freunde noch mal aufs Wasser zum Fischen und als sie die Netze einholten, waren diese wunderbarerweise übervoll. Soweit die Kurzversion der Geschichte.

Bemerkenswert ist nun, dass Petrus angesichts der vor Überlastung reißenden Netze den Satz sagt: „Herr, geh weg von mir! Ich bin ein sündiger Mensch." Er musste erst etwas sehen. Da steht nicht „Als er die Predigt Jesu gehört hatte, sagte er ..." Man kann das im Neuen Testament oft beobachten. Jesus predigt oder lehrt und dann heilt er einen Blinden oder Gehörlosen oder Besessenen ... Paulus predigt etwas länger und muss daraufhin einen jungen Mann vom Tod auferwecken, der eingeschlafen und aus dem Fenster gefallen war. Das Zeichen, das der Rede folgt, macht deutlich, was das Wort Gottes, die Predigt tut. Also: geistlich Tote werden lebendig, die Ohren werden für die Botschaft Jesu geöffnet, Menschen geht das Licht des Glaubens auf ...

So ist es auch hier bei Petrus. Durch das Zeichen der übervollen Netze erkennt er, wer er selbst ist und mit wem er es hier zu tun hat. Man könnte sagen: Predigt führt zur Selbsterkenntnis. Bei Petrus war das keine schmeichelhafte. Das ist sie für keinen Menschen. Es stimmt, was Petrus sagt. Er ist ein Sünder und als solcher meilenweit weg von Gott. Weil ein Sünder die

Heiligkeit Gottes gar nicht aushalten kann. Aber Jesus geht nicht weg. Er ist ja auf die Welt gekommen, um genau diesen Abstand, den Petrus hier markiert, zu überbrücken.

Für Petrus hat das Zeichen aber noch eine zweite Bedeutung. Man könnte sagen: Predigt beauftragt und begabt. Für Petrus hieß das, Menschenfischer, also Missionar zu werden. Wie menschenfreundlich, dass Jesus dem Fischer Petrus durch Fische etwas klar macht! Er redet nicht etwa von Schafen oder Blumen, was er an anderer Stelle ja durchaus tut. Nein, sein Wort und sein Zeichen ist so, das Petrus es verstehen kann.

Und was macht Petrus? Er bringt das Boot an Land und folgt Jesus nach. Er geht mit und stellt sich der neuen Aufgabe. Predigt hat Konsequenzen könnte man sagen.

Da dürfen wir ja richtig gespannt sei, was die Predigt in unserem Leben bewirken kann. Nicht nur die, die wir in der Kirche hören. Zu Petrus ist Jesus ja auch an den Arbeitsplatz gekommen …

## 6. Sonntag nach Trinitatis

# Taufe

Mir ist gegeben alle Gewalt im Himmel und auf Erden. Darum gehet hin und lehret alle Völker: Taufet sie auf den Namen des Vaters und des Sohnes und des Heiligen Geistes und lehret sie halten alles, was ich euch befohlen habe. Und siehe, ich bin bei euch alle Tage bis an der Welt Ende.

Matthäus 28,18–20

Wenn Menschen unvoreingenommen und ohne besonderes Vorwissen aus was für Gründen auch immer dazu kommen, das Neue Testament zu lesen, gelangen sie irgendwann an den Punkt, wo sie sagen: „Entweder dieser Jesus ist wirklich der Sohn des allmächtigen Gottes oder das ist der größte Unsinn, ja die unglaublichste Anmaßung, die es je gegeben hat."

Wenn Sie den Bibelvers unserer Andacht in- und auswendig kennen, lesen Sie ihn jetzt einmal neu, als hörten sie das alles zum ersten Mal. Das ist verblüffend, oder? Entweder hat Jesus Christus das Recht zu behaupten, er sei der Herr über Himmel und Erde oder er war größenwahnsinnig. Entweder ist der Auftrag, Menschen zu taufen, um sie zu Christen zu machen, eine lebensrettende Maßnahme für diese Menschen oder es ist eine unzulässige Vereinnahmung.

Ich werde Ihnen jetzt nicht erzählen, dass Sie eine Entscheidung treffen müssen oder was die Wahrheit ist. Das können Menschen gar nicht. Jeder wird mit seinem natürlichen Verstand und seinem menschlichen Gefühl urteilen, dass es nicht die Wahrheit ist, was Jesus hier sagt.

Weil der Anspruch und der Auftrag und die Verheißung Jesu so allumfassend ist, nämlich Himmel und Erde – also die sichtbare und die unsichtbare Welt und alle Völker aller Zeiten bis ans Weltende – umschließt, wird keine menschliche Entscheidung dem gerecht werden. Und in diesen Horizont gehört die Taufe. Da wird dem Täufling der Glaube geschenkt, dass Jesus der Sohn Gottes ist, der uns mit dem Vater versöhnt hat durch das Kreuz. Da kommt der Herr des Himmels und der Erde und handelt selbst in der Taufe. Der Heilige Geist, der bei der Schöpfung des Uranfangs über den

Wassern schwebte, verbindet sich mit dem Wasser der Taufe – durch diese Worte Jesu, die wie die Worte, mit denen er das Abendmahl eingesetzt hat, fortdauernd gelten, wirken und alles schaffen. Nein, von der Taufe kann man gar nicht hoch genug denken und reden.

In der Taufe wirkt der, dem alle Macht im Himmel und auf Erden gegeben ist. Er hat den Befehl dazu gegeben. Wer wollte es wagen, dem etwas hinzuzufügen oder die Geltung dieses Auftrags irgendwie einzuschränken?

Als Lutheraner, die sich allein auf Gottes Wort und seine Gnade verlassen, singen wir mit einem alten Lied von Paul Gerhardt:

O großes Werk, o heilges Bad,
o Wasser dessengleichen
man in der ganzen Welt nicht hat.
Kein Sinn kann dich erreichen.
Du hast recht eine Wunderkraft,
und die hat Gott, der alles schafft,
dir durch sein Wort geschenket.

## 7. Sonntag nach Trinitatis

# Abendmahl

Und es murrte die ganze Gemeinde der Israeliten wider Mose und Aaron in der Wüste. Und die Israeliten sprachen: Wollte Gott, wir wären in Ägypten gestorben durch des Herrn Hand, als wir bei den Fleischtöpfen saßen und hatten Brot die Fülle zu essen. Denn ihr habt uns dazu herausgeführt in diese Wüste, dass ihr diese ganze Gemeinde an Hunger sterben lasst.

2. Mose 16,2f

Manche Dinge ändern sich einfach nie. Da wird uns mit diesen Versen eine Geschichte erzählt, die mehrere tausend Jahre alt ist und in der Wüste der Sinaihalbinsel spielt. Anderthalb Monate ist es in der Erzählung her, dass Gott sein Volk aus der Sklaverei in Ägypten befreit hat und es nun, geführt von Mose und seinem Bruder Aaron durch die Wüste ins gelobte Land führt. Die mitgebrachten Vorräte sind aufgebraucht, die letzte Oase liegt ein gutes Stück hinter ihnen, das Volk bekommt Hunger.

Und weil sich manche Dinge eben nie ändern, können wir heutigen Hörer der Geschichte, die an ganz anderen Orten leben, trotzdem unmittelbar verstehen, was da passiert. Bei schlechter Versorgunglage sinkt die Moral der Truppe, der Schiffskoch ist nicht umsonst der wichtigste Mann an Bord und heftige Unterzuckerung des Körpers lässt die Nerven blank liegen. Das kennen wir auch. Wenn sich die Gaststätte beim Betriebsausflug als Reinfall herausstellt, kriegen die Leute schlechte Laune.

Nun machten Mose und Aaron aber nicht nur einen netten Betriebsausflug mit den Israeliten, sondern die Leute sahen sich existentiellen Bedrohungen ausgesetzt. Inwieweit das zu diesem Zeitpunkt schon berechtigt war, wissen wir nicht, aber es reichte die Stimmung kippen zu lassen. Auch das kennen wir. Sobald eine Krise eingetreten oder herbeigeredet worden ist, beginnt das, was Luther hier mit „Murren“ übersetzt hat. Das hebräische Wort ist massiver, es meint einen offenen und anklagenden Aufruhr mit dem Ziel des Umsturzes, Rebellion trifft es vielleicht, im Englischen würde man „riot“ sagen. Die vermeintliche Logik von „Uns geht es schlecht –

deshalb ist alles schlecht – also muss jemand schuld sein – darum muss der Schuldige weg" funktioniert heute genauso wie damals. In dem Fall waren Mose und Aaron schuld und wurden eben nicht nur angemault, sondern richtig angegriffen. Auch an der Verklärung der Vergangenheit bei entsprechenden Anschuldigungen hat sich bis heute nichts geändert, die Fleischtöpfe Ägyptens sind nicht umsonst sprichwörtlich geworden. Die spannende Frage: wie reagiert Gott darauf? Denn eigentlich stellt das Volk nicht seine Anführer, sondern Gott selbst in Frage, indem es die Tatsache seiner Befreiung absichtlich fehlinterpretiert und die Rückgängigmachung fordert. Freiheit kann manchmal schwer auszuhalten sein.

Manche Dinge ändern sich einfach nie, auch das tiefsitzende Misstrauen in den Herzen nicht. Gott mutet auch Einzelnen immer wieder solche Zwischenzeiten in der Wüste zu, ausgespannt wie das Volk Israel zwischen Befreiung und Erfüllung und je länger die Zeit scheinbar sinnlos verrinnt und der Lebenshunger immer größer wird, desto beherrschender wird auch die Neigung zu „Murren" und auf eigene Faust Veränderungen herbeizuführen.

In der Erzählung reagiert Gott und stellt klar, dass er das Murren gehört hat. Er schafft auch unmittelbar Abhilfe, vornehmlich durch „Brot vom Himmel", indem er die Israeliten „Manna" finden lässt. Es handelt sich dabei wahrscheinlich um kleine weiße Kugeln, die süß schmecken und genießbar sind – entstanden durch das Zusammenwirken von Schildläusen und Tamariskenbäumen und bis heute in der Sinaiwüste zu finden. Nur für die Israeliten aus dem ägyptischen Kulturland sind sie etwas Neues. Vielleicht besteht das Wunder auch in der Menge. Jedenfalls tut Gott etwas gegen den Hunger seines Volkes.

Als Kind dachte ich immer, Gott hätte quasi kleine Honigbrötchen vom Himmel geworfen. Heute finde ich den Gedanken wichtig, dass Gott oft durch das hilft, was schon vorhanden ist und es uns entdecken lässt. Die Menge ist übrigens auch wichtig. Das Manna reicht jeden Tag. Nicht mehr und nicht weniger. Jesus hat im Vater unser ja auch gelehrt, um „das Brot für heute" zu bitten. Weder regnet es auf unseren Wunsch hin Honigbrötchen, noch gibt es die Überfülle für übermorgen. Aber Gott schenkt das Nötige, das ändert sich auch niemals.

Im Sakrament des Altars schenkt Christus uns wirklich „Brot vom Himmel", er selbst wird zum Brot für uns, wenn wir seinen Leib essen und sein Blut trinken. So nah, so wunderbar wie nirgendwo sonst auf der Welt. Auch diese Zusage Gottes ändert sich niemals.

## 22. Juli – Tag der Maria Magdalena

# Apostelin der Apostel

Als aber Jesus auferstanden war früh am ersten Tag der Woche, erschien er zuerst Maria Magdalena, von der er sieben Dämonen ausgetrieben hatte. Und sie ging hin und verkündete es denen, die mit ihm gewesen waren, die da Leid trugen und weinten.

Markus 16,9f

Maria Magdalena hat es irgendwie schwer in der christlichen Überlieferung. Das müsste nicht so sein, denn alle vier Evangelien erzählen sehr selbstverständlich von ihr und ihrer besonderen Rolle. Maria aus Magdala gehörte zum Kreis der Frauen, die Jesus und die Jünger begleiteten, nachdem sie durch Jesus Heilung von Krankheit oder Besessenheit erfahren haben. Maria Magdalena wurde von „sieben bösen Dämonen" befreit (Lukas 8,2f). Was wir uns darunter genau vorstellen sollen, wissen wir nicht, nur, dass es sich wegen des Hinweises auf die Siebenzahl um eine besonders schlimme Form gehandelt haben muss. In der Bibel wird teils von Dämonen, die dem Menschen schaden, geredet, wo wir die Symptome heute eher in medizinischen Begriffen beschreiben würden, teils ist aber auch Besessenheit im Wortsinn gemeint.

Weiter begegnet uns Maria Magdalena als eine der Frauen, die unter dem Kreuz Jesu aushält (Matthäus 27,55f), bei der Grablegung dabei ist (Matthäus 27,61) und schließlich als erste Zeugin der Auferstehung eine besondere Rolle spielt. Beim Evangelisten Johannes bekommen wir ausführlicher erzählt, was geschah: Als Maria Magdalena sieht, dass der Stein vom Grab Jesu weggerollt ist, läuft sie sofort zurück zu den Jüngern, speziell zu Petrus und Johannes, die ebenfalls eine Sonderrolle einnehmen, und berichtet ihnen davon. Die beiden schauen sich das leere Grab zwar an, aber sie gehen dann wieder heim. Maria Magdalena aber bleibt am Grab, wie sie auch unter dem Kreuz geblieben ist und dort begegnet ihr der Auferstandene, aber sie erkennt ihn nicht gleich. Das Erkennen kommt erst, als er sie anredet: „Spricht Jesus zu ihr: Maria! Da wandte sie sich um und spricht zu ihm auf Hebräisch: Rabbuni!, das heißt: Meister! Spricht Jesus zu ihr: Rühre mich nicht an!" (Johannes 20,16f). Sie bekommt den Auftrag, den Jüngern die Auferstehung zu verkündigen und tut das dann auch.

Soweit, so gut. Und jetzt kommt, warum Maria von Magdala es schwer hat. An ihr hat sich die fromme und die nicht so fromme Vorstellungskraft schon immer gerne ausgetobt. Das liegt zum einen an dem verständlichen Wunsch, noch mehr zu erfahren als die biblischen Texte berichten. Da fragen z.B. die Exegeten, ob es sein kann, dass Maria Magdalena womöglich in der Überlieferung absichtlich oder unabsichtlich zurückgedrängt wurde und ihre Bedeutung in Wirklichkeit größer gewesen ist. Ähnliches nimmt man auch von Mirjam, der Schwester von Moses und Aaron im Alten Testament an. Andererseits wird in den Bibelstellen, die uns vorliegen, ganz selbstverständlich von Maria Magdalena erzählt und gar nichts problematisiert, auch nicht ihre Rolle in den Osterereignissen. In der Alten Kirche wurde sie sogar als „Apostelgleiche" verehrt, Hippolyt von Rom verlieh ihr im 3. Jahrhundert den Titel „Apostola Apostolorum", die Apostelin der Apostel. Das klingt alles nicht nach Diskriminierung. Im Jahr 2016 hat der Papst ihren Gedenktag am 22. Juli sogar im Festkalender der römisch-katholischen Kirche den Apostelfesten gleichgestellt, und damit ihren Rang und ihre Bedeutung bestätigt.

Es muss nicht so gewesen sein, dass Frauen und was sie getan haben, in der Kirche quasi mit Absicht unsichtbar gemacht wurden. Vielleicht muss man nur einfach anerkennen, dass Maria eben nicht den gleichen Auftrag hat wie Petrus oder Johannes und Mirjam einen anderen als ihre Brüder, aber einen gleichrangigen und gleichwertigen, der durchaus zu sehen ist.

Aber damit nehmen die Spekulationen noch kein Ende. Die Innigkeit der Begegnung mit dem Auferstandenen hat schon manche Überlegung angeregt, ob da nicht etwas mehr gewesen sein könnte zwischen den beiden. Überhaupt hat Maria Magdalena, vor allem auch durch die nicht zutreffende Identifizierung mit der „großen Sünderin" aus Lukas 7 schon immer zu erotisch aufgeladenen Vorstellungen gereizt, egal ob es sich um ein Gemälde von Leonardo da Vinci oder den Film „Die letzte Versuchung Christi" oder den Roman „Sakrileg" handelt. Schon gnostische Irrlehrer erzählten im 2. Jahrhundert solche Geschichten. Es ist, als könne die lüsterne Phantasie es nicht ertragen, dass die Bibel keinen einzigen Hinweis in diese Richtung gibt. Abgesehen davon, reduzieren solche Vorstellungen Maria Magdalena auf eine Rolle, die ihr nicht angemessen ist. Weltweit ehren stattdessen am 22. Juli orthodoxe, koptische, römisch-katholische, anglikanische, protestantische und lutherische Christen das Andenken dieser Frau, so wie die Bibel sie uns bezeugt. Nicht mehr, aber auch nicht weniger.

## 25. Juli – Tag des Apostels Jakobus des Älteren

# Jakobus

Da trat zu ihm die Mutter der Söhne des Zebedäus mit ihren Söhnen, fiel vor ihm nieder und wollte ihn um etwas bitten.

Matthäus 20,20

So etwas nennt man wohl eine Helikopter-Mutter. Diese Art Mütter kreist über ihren Kindern wie ein Polizeihubschrauber über einer Großdemonstration und wendet den ganzen Tag Schaden von ihren kleinen Lieblingen ab. Also zum Beispiel den Schaden, dass die Kinder zu kurz kommen, übersehen oder womöglich benachteiligt werden könnten.

Diese Frau des Zebedäus, deren Namen wir leider nicht in der Bibel erfahren, verhält sich jedenfalls genauso. Dabei handelt es sich bei ihren Söhnen doch immerhin um Jakobus und Johannes. Und die beiden haben im Christentum ja auch ohne mütterlichen Beistand Karriere gemacht. Also die Karriere, die Jesus einem Apostel anzubieten hatte, was er der Mutter auch antwortet, auf die Bitte, diesen beiden doch die Ehrenplätze im Reich Gottes zu verleihen. Auf Jesus und seine Apostel wartet zunächst einmal der Tod und nicht Ruhm und Ehre. Warum er Johannes dann den Märtyrertod ersparte, während Jakobus ihn erleiden musste, bleibt ein Geheimnis. In diesem Zusammenhang macht Jesus etwas Wichtiges deutlich. Das endgültige Urteil trifft Gott, er sagt am Ende, wem ein Ehrenplatz im Himmel gebührt. Wir ehren zwar manche Personen der Kirchengeschichte auch, indem wir ihrer im Besonderen gedenken – ein abschließendes Urteil ist das aber nicht.

Auch wenn dem Apostel Jakobus ja durchaus auch heutzutage genügend Aufmerksamkeit zuteilwird. Schließlich pilgern sehr viele Menschen auf dem sogenannten Jakobsweg an sein Grab in Santiago de Compostela. Nun gut, es geht, anders als im Mittelalter, dabei nicht mehr unbedingt darum, an einem Apostelgrab zu beten, sondern der Weg ist das Ziel und das ist auch noch für jeden ein anderes, aber immerhin, Jakobus gerät so nicht in Vergessenheit. Nicht umsonst gilt er ja auch als der Schutzpatron der Pilger und Reisenden. Sein Zeichen, die „Jakobsmuschel“, ist das Erkennungszeichen der Pilger geworden. Wenn man dies positiv aufnehmen will, kann der Jakobustag ein Anlass sein, einmal besonders für alle Reisenden zu beten.

Der Mutter des Jakobus hätte der Trubel auf dem Jakobsweg jedenfalls bestimmt gefallen. Ehrgeiz ist offensichtlich kein neues Phänomen in der Kirche. Auch darüber könnte man an diesem Tag einmal nachdenken.

## 8. Sonntag nach Trinitatis

# Licht der Welt

Ihr seid das Licht der Welt. Es kann die Stadt, die auf einem Berge liegt, nicht verborgen sein.

Matthäus 5,14

Würde der Welt etwas fehlen, wenn es keine Christen gäbe? Die Frage ist zu allgemein, um sie schlüssig zu beantworten. Aber denken wir einmal an eine konkrete Gemeinde, irgendwo in Deutschland. Würde dem Dorf oder dem Stadtteil ohne sie etwas fehlen? Und wenn ja, was? Eine hübsche Kirche, in der es sich gut heiraten lässt, falls man das mal wollen sollte? Der vertraute Glockenschlag? Eine netter Pastor, der im Zweifelsfall die Oma beerdigt? Der Kindergarten, in dem laut seiner Homepage christliche Werte und ein christliches Menschenbild vermittelt werden?

Ich fürchte, all das hat Jesus nicht unbedingt gemeint, als er von der Stadt auf dem Berge sprach, die nicht verborgen bleiben kann. Vom Rumstehen allein leuchtet nichts. Wenn es das nun gerade alles nicht gäbe, würde den Menschen, die darum herum wohnen, wohl nichts fehlen. Ohne Menschen, die etwas ausstrahlen, bleibt es dunkel.

Es gibt sogar einzelne Christen und ganze Gemeinden, die das „Nichtleuchten" zum Programm erhoben haben. Dann kann man so entlarvende Sätze hören wie: „Wir sind ganz normal, muss doch nicht jeder mitkriegen, dass wir in die Kirche gehen." „Unsere Kinder sollen bloß nicht auffallen, sondern alles mitmachen, was die anderen tun."

Andere sind vielleicht irgendwann einmal so in die gesellschaftliche Ecke gedrängt worden, dass ihre Devise lautet: „Licht aus! Sonst sieht uns noch jemand und will hier auch mitmachen." Wobei sich natürlich die Frage stellt, ob es überhaupt nicht-leuchtendes Licht geben kann. Natürlich nicht, das hat Jesus auch schon gewusst und davon gesprochen, dass Licht nur nicht leuchtet, wenn man etwas darüber stülpt. Man kann also eine christliche Ausstrahlung nach außen nicht machen, man kann sie aber verhindern.

Weiter hat Jesus dann gesagt: „So lasst euer Licht leuchten vor den Leuten, damit sie eure guten Werke sehen und euren Vater im Himmel preisen"(Matthäus 5,16). Das ist ja interessant. Hat Luther nicht gesungen: Mein guten Werk, die galten nicht, es war mit ihn' verdorben …? Das gilt für den Menschen vor Gott. Wer durch gute Werke den Himmel verdienen will, ist wie ein Bettler, der einem König ein paar lumpige Centstücke anbietet. Die braucht der König nicht. So hat Luther es erklärt. Man könnte auch sagen: Die Sonne ist wenig beeindruckt von der Flamme eines Streichholzes. Die braucht sie auch nicht.

Und doch ist das Licht eines Streichholzes stark genug, einen dunklen Raum soweit zu erhellen, dass man sich wenigstens kurz orientieren kann. So ist das mit unseren guten Werken vor anderen Menschen. Dabei sind gute Werke nur die, die Gott befohlen hat. Die leuchten mit warmem Schein wie eine brennende Kerze. Hektisches LED-Geflackter selbstausgedachter christlicher Aktivitäten, die weder Gott noch Menschen brauchen oder selbstgerechtes kaltes Neonlicht, das nur leuchtet um andere in ein wenig schmeichelhaftes Licht zu rücken hat Jesus auch nicht gemeint.

Und so wahr es ist, dass schon eine Kerze reicht, um einen Raum zu erhellen, so wahr ist es auch, dass man bei einer Stadt in der Dunkelheit natürlich mehrere Lichter sieht und die Helligkeit so enorm verstärkt wird. Deshalb: Schon **ein** Christ in einer Schulklasse, in einem Lehrerkollegium, einem Aufsichtsrat, unter Handwerkerkollegen oder im Sportverein macht einen entscheidenden Unterschied. Ohne seine Unbestechlichkeit und Ehrlichkeit, sein klares moralisches Urteil, seine Bescheidenheit und Freundlichkeit, seine Ablehnung von Klatsch und Tratsch, sein Mitleid mit Schwächeren und vor allem seine Fürbitte würde allen etwas fehlen.

In einer Gemeinde leuchten, wenn es gut geht, viele Lichter gemeinsam. Ohne diese Christen, die die Hungernden speisen, die Fremden und Obdachlosen aufnehmen, die Kranken und Gefangenen besuchen, die Toten würdig begraben würde der Welt etwas ganz Entscheidendes fehlen. Je weniger unsere Gesellschaft in Deutschland noch etwas vom Christentum weiß, desto hilfloser ist sie angesichts von Behinderung, Pflegebedürftigkeit und dem Sterben. Sie kann vor der Dunkelheit nur kapitulieren. Aber Christen glauben an den, der von sich gesagt hat: „Ich bin das Licht der Welt. Wer mir nachfolgt, der wird nicht wandeln in der Finsternis, sondern wird das Licht des Lebens haben" (Johannes 8,12). Deshalb leuchten wir. Das kann nicht verborgen bleiben.

## 9. Sonntag nach Trinitatis

# Begabung

Wem viel gegeben ist, bei dem wird man viel suchen; und wem viel anvertraut ist, von dem wird man umso mehr fordern.

Lukas 12,48

Normalerweise finden Menschen Unterschiedlichkeit faszinierend. Warum sind Menschen so unterschiedlich in ihren Gaben und Fähigkeiten? Ob diese Unterschiedlichkeit nun positiv oder negativ zu bewerten ist, bleibt eine Frage. Wäre es nicht besser, wenn alle Kinder die gleichen Voraussetzungen mitbrächten? Ist es nicht eigentlich ungerecht, dass manche Menschen so viel musikalischer, sportlicher, intelligenter, schöner sind als andere?

Für religiöse Menschen stellt sich gleich im Anschluss die Frage, was Gott eigentlich mit dieser Unterschiedlichkeit zu tun hat. Schon im Alten Testament berichtet die Bibel davon, dass Gott einzelne besonders begabt. König Salomo mit besonderer Weisheit, Simson mit überdurchschnittlicher Stärke, Jeremia mit prophetischer Vollmacht. Ebenso werden im neuen Testament Einzelne besonders beauftragt, zum Beispiel Paulus, bei dem natürliche Gaben und Gottes Berufung zusammenkamen.

Gemeinsam ist ihnen allen bei bestehender Unterschiedlichkeit der besonderen Fähigkeiten, dass sie diese nicht für sich selbst, sondern für einen speziellen Auftrag bekommen haben. Das kennen wir ja auch aus erfundenen Heldengeschichten. Es ist nun mal der Job von James Bond oder Superman, die Welt vor Bösewichten zu retten. Besondere Fähigkeiten lassen oft auf eine besondere Aufgabe schließen.

Na prima, denken nun viele, da bin ich ja fein raus. Meine Gaben reichen definitiv nicht aus, die Welt zu retten, auch zur Rettung der Kirche langt es nicht. Im Grunde genommen versuche ich nur, mein Leben zu überleben, was soll da das Gerede von Gaben und Beauftragungen?

Nun sagt uns das obenstehende Bibelwort, dass Gaben etwas mit Verantwortung zu tun haben. Was ist, wenn das nicht nur James Bond gesagt ist, sondern mir? Wenn Gott mich irgendwann fragen wird, was ich eigentlich mit all dem gemacht habe, das er mir geben hat. Es gibt so viele Menschen, die sich für keinen Beruf, kein Hobby oder Ehrenamt entscheiden können, weil sie entweder ihre Begabungen für zu gering halten oder sie gnadenlos überschätzen. Im ersteren Fall passiert nichts, weil sie sich nichts zutrauen. Im zweiten Fall passiert nichts, weil sie die sich bietenden Möglichkeiten für unter ihrer Würde halten. Das Ergebnis ist das gleiche.

Es wäre doch mal ein Projekt, jeden Tag darauf zu achten, welche Fähigkeiten oder Möglichkeiten ich habe, seien sie klein oder groß, und diese irgendwie einzusetzen. Das Einzige, was dabei nicht geht, ist gar nichts zu tun.

Wir werden uns wundern, was Gott uns alles anvertraut hat. Probieren Sie es doch mal …

## 10. August – Tag des Märtyrers Laurentius

# Laurentius

Es gibt einige wenige Menschen, die in der Weltchristenheit besonderes Ansehen erlangt haben und an die, meistens an ihrem Todestag, noch heute gedacht wird. Und einer, bei dem sich die Kirchen wirklich in ökumenischer Verbundenheit einig sind, dass er das verdient hat, ist Laurentius. Laurentius ist als Märtyrer im Jahr 258 n. Chr. hingerichtet worden. Sein Todestag, der 10. August, wird in der römisch-katholischen, der orthodoxen, der anglikanischen, der Evangelischen Kirche in Deutschland, der ELCA und in der Lutheran Church-Missouri-Synod als Gedenktag begangen.

Also Laurentius: wenn jemals einer für Frechheit und Pfiffigkeit heiliggesprochen wurde, dann dieser Diakon aus den Anfangszeiten der Kirche. Der Überlieferung nach, und die ist in seinem Fall im Kernbestand sogar relativ alt, war Laurentius unter Papst Sixtus II Diakon oder sogar Archidiakon (was bedeutet der Chef der Diakone) der Gemeinde in Rom und als solcher für das Kirchvermögen zuständig. Als Sixtus II vom Christenverfolger Kaiser Valerian enthauptet worden war, wurde auch Laurentius verhaftet und ausgepeitscht. Er sollte den Kirchenschatz ausliefern. Laurentius erbat sich drei Tage Bedenkzeit und nutzte diese drei Tage dann, um das Geld und die Wertgegenstände an die Armen zu verteilen. Dem Kaiser präsentierte er danach eine Gruppe von Armen, Kranken, Blinden, Leprösen und Waisenkindern mit den Worten: „Das ist der wahre Schatz der Kirche!"

Ich kann mir gut vorstellen, dass Martin Luther an die Unverfrorenheit des heiligen Laurentius gedacht hat, als er in der 62. der 95 Thesen formulierte: „Der wahre Schatz der Kirche ist das allerheiligste Evangelium von der Herrlichkeit und Gnade Gottes." In Wirklichkeit haben es natürlich beide auf Latein gesagt: „verus thesaurus ecclesiae est …" und beide haben sie recht.

Laurentius hat für seine Antwort erlitten, was Luther durch Gottes Gnade erspart geblieben ist, den Feuertod. Der junge Diakon wurde gefoltert und dann auf einem glühenden Eisenrost hingerichtet. Dabei soll er seine

Peiniger nach einer Weile freundlich aufgefordert haben, ihn bitte mal zu wenden, er sei jetzt auf einer Seite gar …

Der Rost ist jedenfalls in der christlichen Kunst das Zeichen des heiligen Laurentius geworden und aufgrund des eigenwilligen Humors der römisch-katholischen Kirche bei der Vergabe von Zuständigkeitsbereichen an Heilige ist er der Patron aller, die mit offenem Feuer zu tun haben: Feuerwehrleute, Bäcker, Köche, Köhler und Bierbrauer. Ich wette, das hätte Laurentius lustig gefunden, besonders die Köche …

Nebenbei ist er aber auch für die Schüler und Studenten zuständig und da gibt es ja ganz außerordentliche Nachfolger des heiligen Laurentius in Sachen Dreistigkeit. Man kann nur hoffen, auch in der Heiligkeit.

Laurentius wird jedenfalls für sein tapferes Martyrium sehr geliebt, besonders die Italiener schätzen ihren „San Lorenzo". In Italien ist er wohl auch begraben, an seinem Todestag wird sein Schädel in Rom als Reliquie gezeigt. Das wiederum hätte Luther nicht gut gefunden. Und Laurentius? Dem wäre auf jeden Fall ein Spruch dazu eingefallen.

## 10. Sonntag nach Trinitatis – Israelsonntag

# Gedenktag der Zerstörung Jerusalems

Und als er nahe hinzukam und die Stadt sah, weinte er über sie.

Lukas 19,41

Kennen Sie auch Sehnsuchtsorte? Ich meine solche Plätz auf dieser Welt, die Menschen ein verträumtes Lächeln ins Gesicht zaubern beim Gedanken daran: Frühstück in Paris, Shopping in New York, Surfen auf Hawaii, weiße Nächte in St. Petersburg … Manchmal ist der Sehnsuchtsort auch einfach die Heimat der Kindheit, wo sich alles „richtig" anfühlt, das Essen, der Dialekt, die vertrauten Wege.

Für viele Christen ist die heilige Stadt Jerusalem ein solcher Sehnsuchtsort. Die Stätten der biblischen Geschichten mit eigenen Augen zu sehen, dort zu gehen, wo Jesus gegangen ist, bedeutet viel für ihren Glauben. Aber ich denke auch an meinen Lehrer im Fach Altes Testament, der, wenn er gefragt wurde, ob er denn nicht mal nach Israel reisen wolle, stets mit dem Liedvers antwortete: „Kann ich gleich nicht an den Ort, seines Grabes mich begeben, g'nug dass es mein Glaube sah …"

Für das Volk des Alten Bundes ist Jerusalem mit dem Berg Zion der Sehnsuchtsort schlechthin. Jedes Jahr sagen sie, wenn sie das Passafest begehen: „Dieses Jahr hier, nächstes Jahr in Jerusalem." Der Glaube an die Verheißungen, die mit Jerusalem verbunden sind ist stärker als die gegenwärtige Situation, wie auch immer sie sein mag.

Doch die Liebe zur Heiligen Stadt hat auch eine dunkle Seite der Trauer. Am 10. Sonntag nach Trinitatis weint die Kirche mit dem jüdischen Volk über die Zerstörung Jerusalems, wie Jesus darüber weinte, als er in prophetischer Vollmacht das Ende und die Vernichtung Jerusalems ankündigte, das die Römer der Stadt dann tatsächlich im Jahr 70 nach Christus bereiteten. „Denn es wird eine Zeit über die kommen, da werden deine Feinde um dich einen Wall aufwerfen, dich belagern und von allen Seiten bedrängen und werden dich dem Erdboden gleich machen samt deinen Kindern in dir und keinen Stein auf dem andern lassen in dir, weil du die Zeit nicht erkannt hast, in der du heimgesucht worden bist“ (Lukas 19,43f). Zum „Israelsonntag“ gehört auch das Erschrecken vor dem Gott, der sich nicht gescheut hat, mehrfach das Strafgericht an Jerusalem zu vollziehen, wenn das Maß seines Zornes voll war. Mit Entsetzen hört die christliche Gemeinde den Bericht von der Zerstörung Jerusalems durch die Babylonier im Alten Testament und nach alter Tradition eigentlich auch die Beschreibung des antiken Historikers Josephus von den Ereignissen 70 nach Christus. Mit Entsetzen, nicht mit Schadenfreude und heimlicher Genugtuung. Vielmehr ist der 10. Sonntag nach Trinitatis ein Bußtag. Gott ist ein eifernder Gott, der die Sünden der Väter heimsucht an den Kindern bis ins dritte und vierte Glied. Denen aber, die ihn lieben und seine Gebote halten tut er wohl in tausend Glied.

Wie er seinen Bund und seine Verheißung mit dem jüdischen Volk erfüllen wird, wissen wir nicht. Wir glauben, dass Jesus der Messias Israels ist, der auch seinem Volk die Erlösung gebracht hat.

Dass unser Volk versucht hat, Gottes auserwähltes Volk zu vernichten, bekommt vor diesem Bußtag, der uns bezeugt, was Gott in seinem Zorn tun kann und der zu Israel gesagt hat: „Wer euch antastet, der tastet meinen Augapfel an.“

Der Sehnsuchtsort Jerusalem bleibt, was er ist. Der Tempel ist zerstört und bis heute nicht aufgebaut, das Land Israel ist erschüttert von Terror und Gewalt, die Spannungen zwischen Juden, Muslimen und Christen sind in der heiligen Stadt schmerzhaft sichtbar – und doch glauben wir auch gegen den Augenschein mit dem jüdischen Volk, dass Gott Jerusalem und seine Kinder nicht für immer preisgeben kann und bezeugen ihnen die Hoffnung auf Christus.

Gedenke an deine Gemeinde,
die du vorzeiten erworben und dir zum Erbteil erlöst hast, an den Berg Zion, auf dem du wohnest.
Richte doch deine Schritte zu dem,
was so lange wüste liegt. (Psalm 72,2f)

# Apostel

Und die Mauer der Stadt hatte zwölf Grundsteine und auf ihnen die zwölf Namen der zwölf Apostel des Lammes.

Offenbarung 21,14

Okay, es waren zwölf. Das macht der obenstehende Bibelvers ja hinreichend deutlich. Zwölf Männer gehörten zum inneren Kreis der Jünger Jesu, der darum auch der Zwölferkreis genannt wird. Die Evangelisten Markus (Markus 3,13f), Matthäus (Matthäus 10,1f) und Lukas (Lukas 6,13; Apostelgeschichte 1,13) berichten auch die Namen dieser Zwölf: Simon Petrus, Andreas, Jakobus der Ältere, Johannes, Philippus, Bartholomäus, Thomas, Jakobus der Jüngere, Judas Thaddäus, Simon Kanaanäus, Judas Iskarioth. Ganz deckungsgleich sind diese Listen nicht, was wahrscheinlich damit zusammenhängt, dass manche Jünger einfach zwei Namen hatten, wie Simon, der von Jesus Kephas/Petrus, d.h. Fels genannt wurde. Oder Bartholomäus. Dahinter steckt das hebräische Bar Tholmai, Sohn des Tholmai. Das ist sozusagen der Nachname. Aus Skandinavien kennt man das so ähnlich, wenn jemand Erik Gunnarsson heißt, ist Erik der Vorname und „Sohn des Gunnar" der Nachname. Bei Bartholomäus ist es nun so, dass er mit dem im Johannesevangelium erwähnten Nathanael (Johannes 1,45) vermutlich identisch ist, dann wäre Nathanael sein Vorname.

Das sind also „die Zwölf". Der Evangelist Lukas berichtet darüber hinaus von weiteren 72 Jüngern (Lukas 10,1) und auch von Jüngerinnen (Lukas 8,2f), die Jesus nachfolgten. Aber zu Aposteln, d.h. „Gesandten" hat Jesus eben diese Zwölf gemacht, indem er sie gesandt und ihnen besondere Vollmacht verliehen hat, nämlich zu Taufen, zu Lehren (Matthäus 28,18–20) und Sünden zu vergeben oder zu behalten (Johannes 20,22). Die Zwölf sind bei ihm, als er das Heilige Abendmahl am Abend vor seinem Leiden stiftet (Markus 14,17) und sie beauftragt, es weiter zu seinem Gedächtnis zu feiern.

Die Zahl zwölf ist, was die Apostel angeht, auch ein Hinweis auf die zwölf Stämme des Volkes Israel. Sie symbolisieren sozusagen das neue Israel und das in seiner Fülle und Ganzheit. Doch abgelöst und vergessen ist das Volk des Alten Bundes bei Gott nicht. Nur zwei Verse vor der Beschreibung der Grundsteine des neuen Jerusalem heißt es von dieser ewigen Stadt: „... sie hatte eine große und hohe Mauer und hatte zwölf Tore und auf den Toren zwölf Engel und Namen darauf geschrieben, nämlich die Namen der zwölf Stämme der Israeliten“ (Offenbarung 21,12).

Doch so wie auch die Stämme Israels in der Geschichte nicht mehr in ihrer Zwölfzahl existierten, erging es dem Zwölferkreis der Jünger. Durch den Verrat des Judas Iskariot, der daraufhin Selbstmord beging, waren sie nur noch elf Apostel. Das machte die Nachwahl eines anderen Jüngers zum Apostel nötig. Das Los fiel auf Matthias (Apostelgeschichte 1,15f), dessen Gedenktag die Kirche am 24. Februar begeht.

Eine herausragende Stellung im Kreis der Apostel hatten Petrus, zu dem Jesus auf sein Bekenntnis hin gesagt hatte: „Du bist Petrus, und auf diesen Felsen will ich meine Gemeinde bauen ...“( Matthäus 16,18) und die beiden Brüder Johannes, der wohl der Lieblingsjünger Jesu war, und Jakobus. Diese drei begleiteten Jesus auf den Berg der Verklärung (Markus 9,2f), bei der Auferweckung der Tochter des Jairus (Lukas 8,51) und im Garten Gethsemane (Markus 14,33).

Wir wissen unterschiedlich viel über diese Jünger, die Christus zu seinen Aposteln erwählte. Manches, was wir zu wissen glauben, gehört wohl auch ins Reich der frommen Legende, wobei der historische Kern dieser Legenden durchaus größer sein kann, als man auf den ersten Blick denken würde. Von Bartholomäus beispielsweise wird berichtet, er habe nach der Auferstehung in Persien, Ägypten und Armenien missioniert, wo er auch das Martyrium erlitten habe. Übrigens auf recht bestialische Weise, ihm sei nämlich die Haut bei lebendigem Leibe abgezogen worden, bevor man ihn kreuzigte. Obwohl wir vom Schicksal der Apostel so wenig sicher sagen können, hält die Kirche das Gedenken an sie wach. Warum das? Ich denke, weil ihr Herr es auch tut.

Die Aposteltage sind: Petrus und Paulus 29. Juni – S. 151, Jakobus der Ältere 25. Juli – S. 169, Andreas 30. November – S. 21, Johannes 27. Dezember – S. 43, sowie: Matthias 24. Februar, Philippus 3. Mai, Jakobus der Jüngere 3. Mai, Bartholomäus 24. August, Matthäus 21. September, Judas Thaddäus 28. Oktober, Simon 28. Oktober und Thomas 21. Dezember.

## 11. Sonntag nach Trinitatis

# Hochmut und Demut

Denn wer sich selbst erhöht, der wird erniedrigt werden; und wer sich selbst erniedrigt, der wird erhöht werden.

Lukas 18,14

Das ist ein wirklich heftiger Satz aus dem Munde Jesu. Eine apodiktische Feststellung, gegen die man wohl kaum etwas sagen kann, auch wenn es einem nicht gefällt.

Eigentlich sind diese Worte das Fazit einer Geschichte, die Jesus erzählt hat. Sie spielt in Jerusalem. Ein Pharisäer und ein Zöllner beten im Tempel. Pharisäer waren fromme Männer aus dem Volk, keine Priester, keine Theologen, einfach Leute, die mit dem Gesetz Gottes ganz ernst machen wollten. Das muss man wissen, um zu verstehen, was der Pharisäer in der Geschichte betet: „Ich danke dir Gott, dass ich nicht bin wie die anderen Leute … Ich faste zweimal in der Woche und gebe den Zehnten von allem, was ich einnehme." Okay, schön für den Pharisäer. Der Zöllner traut sich gar nicht so richtig rein in den Tempel, er drückt sich im Eingangsbereich herum, senkt den Blick und murmelt: „Gott, sei mir Sünder gnädig." Mit Gnade konnte so einer nach menschlichem Ermessen nicht rechnen. Nicht nur, dass er sein Geld damit verdiente, für die verhasste Besatzungsmacht zu arbeiten und dabei in die eigenen Taschen wirtschaftete, sein dauernder Kontakt zu den heidnischen Römern machte ihn als Juden „unrein". Er hätte gar nicht im Tempel sein dürfen. Dem Pharisäer fällt das auch auf und er hat nichts Besseres zu tun, als Gott darauf hin zuweisen, wieviel besser er doch ist als der Zöllner.

Aber nun kommt die Pointe der Geschichte. Gott sieht das alles ganz anders. Ihm ist der Zöllner recht und nicht der Pharisäer. Weil der Zöllner sich selbst erniedrigt hat und der Pharisäer sich erhöht. Aber was heißt das? Ist Ihnen das aufgefallen? Der Pharisäer sagt in zwei Sätzen viermal „Ich". Der Zöllner sagt: „*Du* Gott, sei mir gnädig." Der Pharisäer benutzt Gottes Gebote, den Tempel und das Gebet als dekorativen Rahmen für sein himmelhohes, ganz wichtiges „Ich". Da lässt es sich so schön auf andere herabsehen. Gott schaut auch von oben, aber ganz anders. „Je tiefer einer ist, desto besser sieht Gott ihn." hat Martin Luther gesagt. Gott hat es nicht nötig, jemanden zu erniedrigen, zu ducken und klein zu machen – er ist sowieso größer. Vielmehr hebt er diejenigen auf, die von ihrer Schuld niedergedrückt werden und das wissen. Es reicht ein: *Du* Gott, hilf mir.

## 12. Sonntag nach Trinitatis

# Heilung

Er hat alles wohl gemacht; die Tauben macht er hören und die Sprachlosen reden.

Markus 7,37

Wissen Sie, wie das ist, wenn man schweißgebadet und zitternd aus einem Alptraum aufwacht? Vielleicht wurde man im Traum von einem wilden Tier verfolgt, das immer näher kam. Vielleicht stürzte man in endlose Tiefen und der freie Fall hörte nicht auf. Vielleicht wollte man schreien angesichts eines namenlosen Schreckens – aber man konnte nicht. Man konnte einfach nicht, war stumm, blind, taub – und dadurch allein in der Dunkelheit.

In den Geschichten der Bibel, die an diesem Sonntag in den Gottesdiensten vorgelesen werden, geht es um Menschsein in seiner äußersten Verlassenheit. Ja mehr noch, uns wird erzählt, dass dies die Situation des Menschen ist. Nicht so, dass wir äußerlich in einem immerwährenden Alptraum gefangen wären, sondern wir sind von Natur aus in Bezug auf Gott so: blind, also unfähig ihn zu erkennen, taub für seine Botschaft und stumm, das heißt unfähig, ihm zu antworten. Nichts vernehmen und nichts äußern können, das ist eine schlimme Vorstellung für die meisten von uns. Für Sprach-und Gehörlose ist es Alltag. Wie hart mag dieser Alltag erst zur Zeit Jesu gewesen sein? Einmal wurde ein solcher Mensch zu Jesus gebracht. Er selbst wäre von allein nicht zu Jesus gekommen. Er wurde gebracht. Und der Herr hat die unsichtbare Mauer aus Stille durchbrochen, die ihn umgab. Zuerst ganz menschlich in unendlicher Barmherzigkeit, indem er ihm die Finger in die Ohren legte und seine Zunge mit Speichel berührte. Nonverbal, ohne Worte – in der Sprache der Berührung machte er dem Menschen klar, was jetzt geschehen sollte. Dazu brauchte es nur ein einziges Wort: „Hefata!“, sagte Jesus auf Aramäisch, das bedeutet „Tu dich auf, öffne dich!“

Es ist ein Schöpferwort, das er da spricht. Der Sprach- und Gehörlose kann hören und sprechen und zwar ohne es mühsam lernen zu müssen. Jesus hat nicht alle Kranken geheilt, die es damals in Israel gab. Wo er es tat, sollen die Wunder Zeichen sein, dass die Heilszeit des Messias angebrochen ist. Denn im Alten Testament heißt es: „Zu der Zeit werden die Tauben hören die Worte des Buches, und die Augen der Blinden werden aus Dunkel und Finsternis sehen …“ (Jesaja 29,18). Die es mitbekommen, sagen: „Er hat alles wohl gemacht; die Tauben macht er hören und die Sprachlosen reden.“

Die Heilung des Taubstummen weist aber noch in anderer Weise über sich hinaus. An ihr wird deutlich, wie ein Mensch zum Glauben an Christus kommt. Nämlich nur und immer und jedes Mal, indem Gott selbst sein „Hefata!“ spricht. Es gibt einen alten Brauch bei der Taufe, der dies deutlich macht. Dabei werden die Ohren und der Mund des Täuflings mit Salböl berührt und gesagt: „Hefata!“ Die Ohren werden geöffnet, dass der Täufling das Wort Gottes hören kann, der Mund wird geöffnet für das Lob Gottes. Der Glaube an Gott ist kein Angebot, das der Mensch von sich aus annehmen kann. Er kann sich nicht bekehren, sich nicht für Gott entscheiden. Er ist wie einer, der im Traum schreien will und es nicht kann.

Aber gibt es nicht auch in der Bibel Bekehrungsgeschichten? Doch, eine gehört sogar zu den Lesungen dieses Sonntags. Da geht es um Paulus, der von sich überzeugt war, seine fünf Sinne gut beieinander zu haben, geistlich wie menschlich. Er ist ein ziemlich engagierter Christenverfolger, bis Jesus ihm in den Weg tritt. Und von dem Moment an ist Paulus jedes eigene Tun aus der Hand genommen: blendendes Licht, die Stimme Gottes und dann ist er erst mal drei Tage blind. Durch den Dienst eines Jüngers mit Namen Hananias, der ihm die Hand auflegt, kann er wieder sehen, wird mit dem Heiligen Geist erfüllt und lässt sich taufen. Paulus wurde bekehrt, er hat sich nicht bekehrt. Hier ist die Heilung der Blindheit das Zeichen für die Heilung seiner inneren Verblendung. Gott hat es getan, Paulus konnte es nicht.

Diese alten Geschichten sind unsere Geschichten, sind Gottes Geschichten mit uns. Martin Luther hat es so ausgedrückt:

> Ich glaube, dass ich nicht aus eigener Vernunft noch Kraft
> an Jesus Christus, meinen Herrn, glauben
> oder zu ihm kommen kann;
> sondern der Heilige Geist
> hat mich durch das Evangelium berufen,
> mit seinen Gaben erleuchtet,
> im rechten Glauben geheiligt und erhalten …

Gott selbst hat uns aus dem Alptraum der Gottesferne, in dem wir blind, taub und stumm in Bezug auf den Glauben waren, herausgeholt. Er hat auch bei uns sein „Hefata!“ gesprochen.

## 13. Sonntag nach Trinitatis

# Barmherzigkeit

Selig sind die Barmherzigen; denn sie werden Barmherzigkeit erlangen.
Matthäus 5,7

Kennen Sie den Film „Die unbarmherzigen Schwestern"? Es geht darin um Nonnen in Irland, die eben gerade nicht so barmherzig sind, wie ihr Ordensname ankündigt, sondern im Gegenteil ihnen anbefohlene Menschen schlecht behandeln.

Es ist schade, dass solche Filme das Vorurteil vieler Menschen, die Kirche sei in Wahrheit eben doch eine unbarmherzige Institution, noch befördern. Noch trauriger ist allerdings, dass Christen selbst Anlass zu dieser Annahme gegeben haben. Denn dadurch wird auch die Segensgeschichte christlicher Barmherzigkeit verdunkelt.

Und die Geschichte der Diakonie, des Dienstes am Nächsten, ist lang. Von den ersten Christen der Antike, die den Bedürftigen halfen und Tote würdig bestatteten, über die Klöster des Mittelalters, die fast immer auch Krankenhaus, Apotheke und Hospiz waren, zu den Diakonissen im 19. Jahrhundert und den vielfältigen Aufgaben kirchlicher Hilfsorganisationen heute. Wie kalt wäre diese Welt, wenn es diesen Kontrapunkt gelebter Nächstenliebe in der Geschichte nicht gäbe. Wie dunkel wäre die Geschichte unseres Landes, wenn wir uns nicht an die Männer und Frauen erinnern könnten, die sich mit ihrer kleinen Kraft der Finsternis und Kälte des Elends der Menschen entgegengestellt hätten. Es waren immer Einzelne, die die Not nicht hinnehmen wollten und anfingen, etwas dagegen zu tun. Viele haben sich ihnen angeschlossen und mitgeholfen. Anderen waren und sind sie unbequeme Mahner wegen ihres bedingungslosen Eintretens für die Armen, die Benachteiligten, die Behinderten, die Kranken, die Fremden …

Nun ist es allerdings nicht so, dass die Kirche die Nächstenliebe quasi an Einzelne delegieren könnte. Diese Einzelnen geben der christlichen Barmherzigkeit ein Gesicht, aber aufgetragen ist sie allen. Die christliche Tradition kennt sieben Werke der Barmherzigkeit: Hungernde speisen, Durstige tränken, Nackte bekleiden, Fremde aufnehmen, Kranke besuchen, Gefangene besuchen (Matthäus 25,34–46), Tote würdig begraben (Tobias 1,17–20).

Je weniger eine Gesellschaft von christlichen Werten geprägt ist, desto kaltherziger wird sie. Der natürliche Mensch fragt wie der Mörder Kain: „Soll ich meines Bruders Hüter sein?“ (1. Mose 4,9). Die Antwort lautet in Wahrheit: „Ja, sollst du.“ Das muss den Menschen gesagt und eingeschärft werden, sonst nimmt die Verrohung im Land zu.

Mir fällt dazu noch eine kleine Erinnerung ein: Wenn die Erwachsenen vom Krankenhaus in unserem Ort sprachen, redeten sie oft von „den Brüdern“, es gab auch ein Wort im Dialekt dafür. Ich wusste als Kind nichts damit anzufangen. Dabei ist es eigentlich ganz einfach. Es war der Orden der Barmherzigen Brüder, der das Krankenhaus gegründet hat. Wie schön, dass der Volksmund einfach von Brüdern sprach. Um nichts anderes geht es ja, Christen wenden sich brüderlich den Notleidenden zu. Gott wird keine der Taten vergessen, die aus Barmherzigkeit getan wurden. Dabei kommt es nicht auf die Größe dieser Taten an, sondern auf das barmherzige Herz dahinter. „Die Liebe gehört mir wie der Glaube.“ Dieses Wort von Johann Hinrich Wichern, einem der Väter der Diakonie im 19. Jahrhundert, ist noch immer sozusagen das Grundgesetz diakonischen Handelns. In Anlehnung an das Wort Jesu könnte man auch sagen: Barmherzigkeit empfängt Barmherzigkeit.

## 14. Sonntag nach Trinitatis

# Dankbarkeit

Und Jakob stand früh am Morgen auf und nahm den Stein, den er zu seinen Häupten gelegt hatte, und richtete ihn auf zu einem Steinmal und goss Öl oben darauf und nannte die Stätte Bethel; vorher aber hieß die Stadt Lus.

1. Mose 28,18f

Waren Sie schon einmal in einer römisch-katholischen Wallfahrtskirche? Manche dieser Orte werden schon seit Jahrhunderten von Gläubigen besucht. Und wer nicht nur aus touristischem Interesse einen Besuch dort macht, hatte und hat auch heute noch meistens ein Anliegen, eine Bitte, eine Not, mit der er sich an Gott wendet.

Ich denke in diesem Zusammenhang an eine kleine Wallfahrtskapelle, die in meiner Kindheit Ziel zahlreicher Wandertage mit der Schulklasse war und die für den Glauben meiner katholischen Freunde bis heute eine hohe Bedeutung hat. Schon als Kind haben mich die Steintafeln beeindruckt, die sich dort über eine ganze Wand in der Kirche erstrecken. Auf manchen steht einfach nur: „Danke." Oder „Danke für die Hilfe." Oder: „Danke für die Heilung." Auf manchen Steinen steht auch: „Gott hat geholfen – Gott wird helfen." Wenn ich die Tatsache beiseitelasse, dass diese Hilfe im Falle der besagten Kapelle meistens den Umweg über die Fürbitte Marias genommen hat, kann ich diesen Steintafeln viel abgewinnen.

Für diejenigen, die sie gestiftet haben, sind sie eine persönliche Erinnerung an Gottes ganz konkretes Eingreifen in ihrem Leben. Für andere, die sie lesen, sind sie ein großer Trost. Ich kann mich dort auf eine Bank setzen, wenn es mir schlecht geht und denken: „Ja, es ist ja wahr, diese Steine sind der Beweis, Gott hat geholfen. Gott wird helfen. Auch mir."

Menschen brauchen in ihrem Glauben solche „Erinnerungszeichen." In der Bibel wird die Geschichte erzählt, wie der Erzvater Jakob auf der Flucht vor seinem Bruder, der ihn nicht ganz unberechtigterweise umbringen will, nachts einen Stein als Kopfkissen benutz. Nachdem er im Traum den Himmel offen und Engel auf und niedersteigen gesehen hatte, machte er am nächsten Morgen diesen Stein zum Gedenkstein. Denn was er gesehen hatte, war ihm zu einem Zeichen geworden, dass Gott trotz allem seinen Weg begleiten und ihn behüten würde. Haus Gottes, Bethel, nannte Jakob den Ort.

Wir Menschen brauchen solche Steine oder was auch immer uns an Gottes Güte und Hilfe erinnert. Gott braucht keine Wallfahrtskapellen, die man ihm baut, aber unser Glaube braucht Orte und sichtbare Zeichen, damit er nicht vergisst.

„In mein Gedächtnis schreib ich an, der Herr hat Großes mir getan, bis hierher mir geholfen." heißt es in einem Gesangbuchlied. Angesichts der Schwäche des menschlichen Gedächtnisses, was das Gute angeht, das wir erleben, wäre es vielleicht eine gute Idee, auch noch woanders hinzuschreiben, was der Herr Großes an uns getan hat. Der größte Feind der Dankbarkeit gegenüber Gott ist wahrscheinlich nicht der Zweifel, sondern die Vergesslichkeit.

Man könnte es doch so machen wie Jakob und sich einen Gegenstand aussuchen und so platzieren, dass er oft vor Augen ist. Oder man nimmt sich vor, immer an etwas zu denken, was Gott für einen getan hat, wenn man an einem bestimmten Ort vorbeikommt. Jakobs Stein war ja zunächst auch einfach nur ein Stein wie jeder andere. Danken hat was mit Denken zu tun. Vielleicht finden Sie ja eine Denk-und-Dank-Hilfe! Denken Sie dran: Gott hat geholfen. Gott wird helfen!

## 15. Sonntag nach Trinitatis

# Sorgen

Trachtet zuerst nach dem Reich Gottes und nach seiner Gerechtigkeit, so wird euch das alles zufallen. Darum sorgt nicht für morgen, denn der morgige Tag wird für das Seine sorgen. Es ist genug, dass jeder Tag seine eigene Plage hat.

Matthäus 6,33f

Es war im Jugendkreis. Bei manchen Bibelworten weiß ich genau, wann und wo ich sie zuerst bewusst gehört habe. Wenn ich die Worte Jesu lese, die von den Vögel und dem Himmel und den Lilien auf dem Feld erzählen sehe ich mich wieder mit den anderen Jugendlichen da sitzen und weiß es noch wie heute: Unser Pfarrer hatte über das Sorgen und die Lilien und die Vögel zu predigen und mit einer gewissen Ratlosigkeit war er zu einem Landwirt aus seiner Gemeinde gegangen. Dem hatte er die Worte vorgelesen: „Seht die Vögel unter dem Himmel an, sie sähen nicht, sie ernten nicht, sie sammeln nicht in die Scheunen; und euer himmlischer Vater ernährt sie doch." Der Landwirt wusste zunächst auch nicht, was er mit diesem Satz aus der Bibel anfangen sollte. Er schwieg lange, dann sagte er: „Herr Pfarrer, Jesus hat nicht im Westerwald gelebt."

Dass auf den Höhen des rheinischen Schiefergebirges nichts einfach so von selbst wächst, ist eigentlich eine Binsenweisheit. Abgesehen davon, dass auch das Land Israel kein Schlaraffenland ist. Aber vermutlich hat jeder innerlich so eine Argumentation wie der Landwirt im Westerwald. Wer schlaflos im Bett liegt und grübelt, kann meistens ganz genau sagen, warum seine Situation so komplex, bedrohlich, ausweglos ist, dass Jesus unmöglich verlangen könnte, sich nicht zu sorgen. Ehrlich gesagt, ich habe auch meine Schwierigkeiten, in diesen Zeiten jemandem von Lilien und Vögeln zu erzählen.

Allerdings werden weder die Weltlage noch meine persönlichen Probleme sich dadurch ändern, dass ich mir Sorgen mache. Ich darf durchaus etwas tun, das hat Jesus nicht verboten. Aber ich werde auch erleben, dass mein Tun an seine Grenzen kommt. Es gibt immer wieder den Punkt, an dem man sagen muss: „Okay Herr, ich hab wirklich getan, was in meiner Macht steht. Das ist nicht viel. Jetzt mach du so wie du willst und weißt." Wenn ich mir Sorgen mache und mich den Schreckensbildern meines Kopfkinos ausliefere, wachsen die Ängste ins Unermessliche. Weil ich einfach nicht weiß, was in einem Jahr sein wird, weil ich nicht auf alle Eventualitäten des Lebens vorbereitet sein kann und weil die Kraft eines jeden Menschen begrenzt ist. Im „Vater unser" beten wir um das tägliche Brot für heute – nicht um Problemlösungen für übermorgen. Jesus hat gesagt: Euer himmlischer Vater weiß, dass ihr all dessen bedürft. Gemeint sind da erst mal die „Überlebensmittel." Schon oft haben Christen, die in schweren Notlagen waren im Rückblick gesagt, dass ihnen nie gefehlt hat, was sie unbedingt brauchten. Es gibt einen Unterschied zwischen dem, was ich will und dem, was ich wirklich brauche. Letzteres weiß Gott am besten.

In den Worten Jesu steckt aber noch eine Verheißung, die über die tägliche Fürsorge Gottes hinausgeht. Er hat seinen Jüngern ein Versprechen gegeben, weil er wusste, dass alle, die an ihn glauben, immer wieder Risiken eingehen müssen um dieses Glaubens Willen oder dass schmerzhafter Verzicht auf Dinge und Menschen manchmal unausweichlich dazugehört. Aber das ist nicht das Letzte, was dazu zu sagen ist. Es gibt die göttlichen „Zufälle", durch die uns „alles" zufällt. Alles, was wir brauchen und oft mehr, als wir zu hoffen wagen. Wir können Gott die leeren Hände vertrauensvoll hinhalten statt sie sorgenvoll zu ringen.

## 16. Sonntag nach Trinitatis

# Glauben

Denn Gott hat uns nicht gegeben den Geist der Furcht, sondern der Kraft und der Liebe und der Besonnenheit.

2. Timotheus 1,7

Wenn ich doch nur könnte, was Jesus konnte! Nicht dass ich gerne mal übers Wasser gehen wollte oder so etwas. Nein, ich würde angesichts von Sterben und Tod gern ein bisschen von dem lernen, was Jesus konnte.

Was das ist? Jesus hat den Tod besiegt, entmachtet, getötet. Das kann kein Mensch können. Das muss auch kein Mensch können, denn Jesus hat es ja schon getan. Ich meine etwas anderes: Ich würde gern so reagieren können wie Jesus es konnte, als sein Freund Lazarus gestorben war. Mit Kraft, mit Liebe, mit Besonnenheit. Als er die Nachricht erhielt, sein Freund sei krank, ist er nicht in Panik verfallen. Er ist sogar noch zwei Tage weggeblieben, statt sofort zu ihm zu gehen. Als er auf seine ganz eigene Weise „wusste", dass Lazarus gestorben war, versuchte er, es seinen Jüngern behutsam zu sagen. „Lazarus, unser Freund, schläft, aber ich gehe hin, dass ich ihn aufwecke" (Johannes 11,11). Als seine Jünger nicht verstehen, spricht er es aus: „Lazarus ist gestorben" (Johannes 11,14).

Nein, das könnte ich so nicht. Mich erfüllt allein schon der Gedanke, meine Freunde könnten in Gefahr sein oder schwer krank werden oder sogar sterben mit Entsetzen. Furcht ist ein viel zu zahmes Wort dafür, was ich bei der Vorstellung empfinde, am Grab meines besten Freundes stehen zu müssen. Ich weiß, dass es mich nicht umbringen würde – aber es fühlt sich so an.

Jesus konnte es anders. Er wartet ab, er vertraut auf den Plan hinter dem Geschehen, auch als er mit dem Leid und der Trauer massiv konfrontiert wird. Lazarus hatte zwei Schwestern, Maria und Marta, die Jesus ebenfalls viel bedeuteten. Marta geht ihm entgegen, will allein mit ihm reden. „Herr, wärst du hier gewesen, mein Bruder wäre nicht gestorben. Aber auch jetzt weiß ich: Was du bittest von Gott, das wird dir Gott geben" (Johannes 11,21f). Marta ist schon einen Schritt über den Wunsch, irgendjemanden für ihren Schmerz verantwortlich zu machen, hinaus. Wer sich zu den Worten „Aber auch jetzt weiß ich" durchgerungen hat, ist der Situation schon nicht mehr hilflos ausgeliefert. Wie schnell das gelingt, ist wohl auch eine Charakterfrage. Die zupackende Marta trauert anders als die in sich gekehrte Maria. Marta braucht Antworten. „Ich bin die Auferstehung und das Leben. Wer an mich glaubt, der wird leben, ob er gleich stürbe; und wer da lebt und glaubt an mich, der wird nimmermehr sterben" (Johannes 11,25f). Aber diese Wahrheit, diesen Anspruch haut Jesus Marta nicht einfach um die Ohren. Er hängt eine entscheidende Frage an: „Glaubst du das?"

Wie oft habe ich mich schon furchtsam gewunden, wenn ich mich dem Gespräch mit Trauernden hätte stellen sollen. Habe Angst gehabt, zu viel zu sagen. Oder zu wenig. Und habe nie den Mut gehabt, sie mit der Frage zu konfrontieren: Glaubst du das? Dabei ist das doch das Wichtigste: Auch jetzt noch – auch dann noch – immer noch zu glauben.

Auch mit Maria will Jesus allein reden. Vermutlich hätte er auf die Trauergäste, die hinter Maria herlaufen, gut verzichten können. Maria wirft sich Jesus zu Füßen. Nochmal: „Herr, wärst du hier gewesen, mein Bruder wäre nicht gestorben!" (Johannes 11,32). Marias Tränen drehen Jesus das Herz um. Er wird wütend und sehr traurig – was für eine treffende Beschreibung für Trauer. Und dann weint er auch. Aber er macht nicht den Eindruck, dass er am liebsten nur noch raus möchte aus dieser Situation. So wie ich schon oft. Er verkrampft sich nicht in der Angst, im nächsten Augenblick selbst loszuheulen. Er weicht der tränenreichen Anklage nicht aus. Die anderen dürfen sehen, dass er weint. Er stellt sich erst einmal der ganzen Katastrophe.

Und dann tut er, was nur er kann. Er holt Lazarus aus dem Grab zurück. Er betet, er spricht sein vollmächtiges Wort. Ich kann die Toten nicht zurückrufen. Aber ich kann auch Gottes Wort laut werden lassen. Wenn ich nur den Mut dazu hätte. Wir haben einen Gott, der um seinen Freund geweint hat. Der sich den Fragen Martas und den Tränen Marias gestellt hat. Das ist Liebe. Der es ausgehalten hat, dass die Trauergäste und die Hinterbliebenen ihn in Frage stellten und ihm Vorwürfe machten. „… konnte er nicht auch machen, dass dieser nicht sterben musste?" Das ist Besonnenheit. Wir haben einen Gott, der dem Tod nicht das letzte Wort gelassen, sondern Lazarus mit seinem allmächtigen Schöpferwort aus dem Grab herausgerufen hat. Das ist Kraft. Ich möchte das von Jesus lernen. Bonhoeffer hat geschrieben: „Ich glaube, dass Gott uns in jeder Notlage so viel Widerstandkraft geben wird, wie wir brauchen. Aber er gibt sie uns nicht im Voraus, damit wir uns nicht auf uns selbst, sondern auf ihn verlassen." Gott hat uns nicht gegeben den Geist der Furcht, sondern der Kraft und der Liebe und der Besonnenheit. Ich werde es können.

## 29. September – Tag des Erzengels Michael und aller Engel (Michaelis)

# Erzengel Michael und alle Engel

Nein, sondern ich bin der Fürst über das Heer des Herrn und bin jetzt gekommen.

Josua 5,14

Kennen Sie die Geschichte aus der Bibel von den Posaunen Jerichos? Das ist die schon sprichwörtlich gewordene Geschichte, wie das Volk Israel nach seiner Befreiung aus Ägypten und der 40-jährigen Wüstenwanderung nun an der Schwelle des bewohnten Landes steht und vor ihm ragen die schwer befestigten Tore und massiven Stadtmauern der Stadt Jericho auf. Hier hätte ihr Weg enden können. Doch Gott hat Mittel und Wege, die weit über menschliches Vermögen hinausgehen. In einer Prozession umzieht das Volk die Stadt, trägt dabei die Bundeslade mit sich und am 7. Tag stimmt es ein Kriegsgeschrei an und beim Hall der Posaunen stürzen die Stadtmauern in sich zusammen und die Stadt kann erobert werden. Der Weg ins gelobte Land ist frei.

Diese zugegeben nicht gerade gewaltfreie Geschichte hat noch eine Vorgeschichte: Josua, der Anführer Israels befindet sich in der Nähe Jerichos. Vielleicht hat er sich gefragt, wie er jemals diese Mauern bezwingen soll, wir wissen es nicht. Da sieht er plötzlich in einiger Entfernung einen Mann stehen, der sein Schwert gezogen hat. Ist er aus der Stadt herausgekommen? Ist es ein Israelit, der es auf eigene Faust versuchen will? Mutig geht Josua auf ihn zu und fragt, ob er zu ihm oder seinen Feinden gehöre. Und dann spricht der Krieger, der vor Josua steht, diesen Satz: „Nein, sondern ich bin der Fürst über das Heer des Herrn und bin jetzt gekommen." Worte wie Donnerschläge, man spürt, wie die Luft vibriert von der Machtfülle dessen, der da mit Josua redet. Und Josua fällt nieder und fragt, was die Botschaft an ihn sei. Wie Mose am brennenden Dornbusch soll er die Schuhe ausziehen, denn er steht an einer heiligen Stätte.

Wen hat Josua da gesehen? Die Bibel nennt hier keinen Namen, außer, dass es „der Oberste der Scharen Jahwes“, so kann man auch übersetzen, ist. In Daniel 12,1 heißt es: Zu jener Zeit (d.h. am Ende der Tage) wird Michael, der große Engelfürst, der für dein Volk eintritt, sich aufmachen.“ Und im Neuen Testament steht in Offenbarung 12,7: „Und es entbrannte ein Kampf im Himmel, Michael und seine Engel kämpften gegen den Drachen.“ Deshalb sagt die Kirche seit alten Zeiten, der Erzengel Michael sei der Fürst über das Heer des Herrn. Und dieser Engel hat so gar nichts Süßliches und Kitschiges. Er ist ein Krieger mit blankem Schwert und beschützt das Volk Gottes vor seinen Feinden, besonders vor dem Teufel. Einer alten Legende nach sollen die letzten Worte, die der Teufel gehört hat, bevor Michael ihn in den Abgrund geworfen hat: Mi-cha-El gewesen sein. Das ist Hebräisch und bedeutet: Wer ist wie Gott? Die Antwort lautet: Niemand!

Aber was hat das mit uns zu tun? Nun vielleicht stehst du ja gerade in deinem Leben vor solchen Mauern der Ausweglosigkeit und das Scheitern droht? Vielleicht siehst du dich übermächtigen Feinden ausgesetzt, die heute Depression oder Sucht oder Verzweiflung heißen? Aber Gott ist mit seinen Möglichkeiten noch lange nicht am Ende in deinem Leben. Alle Not muss sich wenden, wenn Gott seine heiligen Engel schickt, um zu beschützen und zu retten. Wahrscheinlich sehen wir sie nicht so, wie Josua sie gesehen hat. Wir fühlen uns vielleicht wie das Volk Israel, das um Jericho herumläuft und erst mal passiert gar nichts – aber es ist Teil des Plans. Und haben wir solche auf wunderbare Weise einstürzenden Mauern nicht auch schon erlebt?

Seit dem 5. Jahrhundert feiert die westliche Christenheit das Fest des Erzengels Michael am 29. September. Am Beginn der dunklen Jahreszeit hören Christen die tröstlichen Worte: „Ich bin der Fürst über das Heer des Herrn und bin jetzt gekommen!“ Am Ende des Winters werden wir an Ostern den Sieg Christi über Tod und Teufel feiern, auf den der Sieg Michaels schon hinweist.

## 1. Sonntag im Oktober – Erntedankfest

# Dankbarkeit

Lobe den Herrn, meine Seele und vergiss nicht, was er dir Gutes getan hat
Psalm 103,2

Ein Pfarrer nannte einen Schaukasten direkt vor einer Ampelkreuzung sein Eigen. Er benutzte diesen mit einiger Kreativität, um den Autofahrern, die bei Rot länger warten mussten, einen christlichen Gedankenanstoß zu vermitteln. Kurz und knapp natürlich, denn für einen halben Roman reichten die Ampelphasen nicht. So schrieb er einmal, als das Erntedankfest nahte: „DANKEN KOMMT VON DENKEN."

Ob das etymologisch stimmt, weiß ich nicht. Aber geistlich stimmt es. Die meisten Menschen danken Gott nicht, weil sie noch nie auf den Gedanken gekommen sind, dass das angebracht wäre.

Wer in der Landwirtschaft arbeitet, spürt in vielen Fällen wohl noch deutlich, dass sein Lebensunterhalt von etwas abhängt, das er absolut nicht unter Kontrolle hat, wie beispielsweise dem Wetter. Da kann ein Landwirt fachlich alles richtig geplant und sorgfältig gearbeitet haben – ohne die Fruchtbarkeit des Bodens, die Menschen zwar steigern aber nicht grundsätzlich machen können und Sonne und Regen zur rechten Zeit ist möglicherweise alles umsonst.

Es mag also sein, dass Menschen, die real etwas geerntet haben, Gott am Erntedankfest dankbarer sind als andere. Allerdings gibt es auch Menschen, die selbst dann den Geber hinter den Gaben nicht sehen. Andere beschränken sich vielleicht nicht ganz absichtslos auf einen formellen Dank, in der Hoffnung, Gott damit auch für das nächste Jahr gewogen zu stimmen, als sei er eine immer etwas beleidigte alte Erbtante, mit der man es sich nicht verscherzen darf. Doch selbst als man in der DDR meinte „ohne Gott und Sonnenschein" Ernten einbringen zu wollen, hat der Schöpfer seinen Segen nicht entzogen.

Martin Luther hat es in seiner Erklärung zum Vaterunser so gesagt:

Gott gibt das tägliche Brot auch ohne unsere Bitte
allen bösen Menschen;
aber wir bitten in diesem Gebet,
dass er's uns erkennen lasse
und wir mit Danksagung empfangen unser tägliches Brot.

Aha, ... dass er's uns erkennen lasse! Danken kommt von Denken.

Deshalb ist das Erntedankfest für alle Menschen, auch für die, die nichts als einen Topf Basilikum auf der Fensterbank besitzen, eine gute Gelegenheit, einmal ernsthaft nachzudenken, wofür sie Gott dankbar sein können. Anfangen kann man mit ganz grundlegenden Dingen wie: der Döner zum Mittagessen, die Krankenversicherungskarte im Portemonnaie, die Schule für die Kinder, die geheizte Wohnung ... Alles Dinge, die andere Menschen auf der Welt gerade nicht haben und die wir oft so selbstverständlich nehmen.

Das Nächste auf der Dankbarkeitsliste sind Menschen. Wahrscheinlich sind die meisten Leute abstrakt dankbar dafür, dass es Feuerwehrleute und Rettungsmediziner gibt. Aber für welchen Menschen können Sie Gott konkret danken? Sind das vielleicht sogar ganz viele, wenn man sich das genau überlegt? Oder ein ganz besonderer Mensch in Ihrem Leben?

Und eigentlich nicht zuletzt sind dann auch Gottes geistliche Gaben dran, angefangen mit dem Gottesdienst. Macht sich das eigentlich noch irgendjemand klar, dass es ein Geschenk ist, zur Kirche gehen zu dürfen? Dass es eine unverdiente Gnade ist, wenn Gott sein Wort laut werden und predigen lässt? Warum gehen wir zu Beichte und Abendmahl? Weil wir es brauchen und dabei etwas bekommen, was es nirgendwo anders gibt. Gott sei Lob und Dank, dass er uns Wort und Sakrament nicht entzieht, wenn wieder jemand die Augen verdreht, weil ihm das alles in Wahrheit nur eine ärgerliche Zeitverschwendung ist. Das ist der schwärzeste Undank überhaupt und jeder sollte sich darüber mal ein paar Gedanken machen. Auch was die geistlichen Gaben angeht, gilt wohl, dass Gott sie uns erkennen lassen muss. Das Gebet darum ist der erste Schritt.

## 17. Sonntag nach Trinitatis

# Glaube und Unglaube

Denn wer mit dem Herzen glaubt, wird gerecht; und wer mit dem Munde bekennt, wird selig.

Römer 10,10

Kaum daheim angekommen, machte das Grundschulkind seiner Entrüstung Luft. Mit knallrotem Kopf und knirschenden Zähnen verkündete es: „Der Frieder ist böse, der glaubt nicht an Gott!" Nach einigem Beruhigen und Nachfragen erfährt die leicht erstaunte Mutter, die eigentlich der Überzeugung war, ihr Kind hinreichend realitätsnah hinsichtlich religiöser Vielfalt erzogen zuhaben, was sich zugetragen hat. Im Religionsunterricht hatte der Junge sein reichhaltiges Kindergottesdienstwissen eingebracht und seinen Klassenkameraden die Schöpfungsgeschichte erzählt. Was besagten Frieder dazu brachte, ihm zwischendurch zuzuflüstern: „Das stimmt nicht. Gott gibt's nicht. Das ist alles Quatsch."

Der Frieder glaubt also nicht. Aber ist er deshalb böse? Es gibt ja auch Erwachsene, die Glauben für eine Art moralische Leistung halten, die einige halt erbringen können oder wollen und andere eben nicht. Über die, die nicht wollen oder können, kann man sich dann wunderbar entrüsten und es der eigenen exzellenten charakterlichen Verfasstheit zuschreiben, dass man selbstverständlich anders ist. „Der Frieder ist nicht böse. Es war nicht nett, dir seine Meinung auf diese Weise zu sagen. Hätte er sich gemeldet und es laut gesagt, hättet ihr darüber diskutieren können. Aber böse ist etwas anderes." Das Kind schäumt immer noch: „Doch. Aber der wird ja sehen, was er davon hat." Die Mutter ist zutiefst überzeugt, dass ihr Kind seine Konflikte mit Frieder gefälligst ohne die Drohung göttlicher Vergeltung im Jüngsten Gericht lösen soll. Aber auch da wieder: Denken viele Erwachsene nicht auch so? Da wird mit wohligem Schauer und klammheimlicher Genugtuung über das ewige Verderben der „Ungläubigen" philosophiert – offiziell natürlich nur, um sie vor demselben zu bewahren, aber in Wirklichkeit eben doch mit dem Hintergedanken: „Die werden schon noch sehen, was sie davon haben."

„Könnte Gott den Frieder denn nicht einfach zwingen, an ihn zu glauben?" „Das könnte er. Er kann alles, das stimmt. Aber das will Gott nicht. Er will, dass die Menschen an ihn glauben und ihn liebhaben. Aber man kann niemandem befehlen, einen lieb zu haben. Weil Liebe sonst keine Liebe ist. Und Glaube ist kein Glaube, wenn man jemanden dazu zwingt." „Aber kann man denn nicht beweisen, dass es Gott gibt? So dass Frieder es deshalb glauben muss?" „Viele kluge Menschen haben tatsächlich versucht, sich solche Beweise auszudenken. Zum Beispiel: in der Natur ist alles sinnvoll organisiert, also muss es jemanden geben, der das so organisiert hat." „Nee, da sagt der Frieder, das ist Zufall. Das ist kein Beweis." „Und da hat der Frieder sogar recht. Wenn du an Gott glaubst, kannst du staunen, wie genau er alles organisiert hat, aber wenn jemand nicht glaubt, dass Gott die Welt gemacht hat, dann wird ihn das nicht überzeugen. Das ist das Problem mit den logischen Beweisen. Gott will weder unser Herz noch unseren Verstand zwingen. Das Gute ist aber, der Frieder kann auch nicht beweisen, dass es Gott nicht gibt." „Aber davon glaubt der immer noch nicht." „Nein, vielleicht lässt er dich deshalb aber in Ruhe. Weil dieses Hin und Her mit Beweisen nichts bringt. Glauben hat nämlich was mit Vertrauen zu tun. Du vertraust mir, dass ich deine Mama **bin** und wir uns lieb haben. Das musst du nicht beweisen und ich muss dich nicht dazu zwingen …"

Glaube ist tatsächlich nicht etwas, das man kann oder besitzt. Sondern es ist die Beziehung zu Gott. Woran sich die Frage anschließt, was nun mit Frieder ist. „Ist es Gott denn egal, ob der Frieder an ihn glaubt?" „Nein, das ist sogar sehr wichtig, damit er auch zu ihm gehören und in den Himmel kommen kann. Du bist getauft und hast ganz viele Menschen, die für dich beten und dir Geschichten aus der Bibel erzählen. Der Frieder kann nichts dafür, wenn er immer nur gehört hat, dass es Gott nicht gibt. Aber du und eure Reli-Lehrerin können es ihm sagen. Wenn ich dort in die Kirche gehe, wo ich als Kind gewohnt habe, denke ich oft: Hier bin ich getauft. Und da ist meine alte Reli-Lehrerin. Und bei denen da war ich im Kindergottesdienst und in der Jungschar. Und die da hat damals den Jugendkreis gehalten. So hat Gott das gemacht, dass ich an ihn glaube."

Ganz schön schwierig für ein Kind, aushalten zu müssen, dass wir Glauben nicht produzieren können. Aber gut, wenn es lernt, dass es etwas bewirkt, wenn wir über unseren Glauben reden. Wir glauben nämlich selbst auch nur, weil jemand geredet hat. Zuerst Gott in seinem Wort. Dann der Pfarrer in Gottes Auftrag: „Ich taufe dich … Dir sind deine Sünden vergeben … Nimm hin den Heiligen Geist …!" Und dazu ganz viele Christenmenschen, die ihren Glauben bezeugt haben. So macht Gott das.

## 18. Sonntag nach Trinitatis

# Gebote

Und es trat einer zu ihm von den Schriftgelehrten ... und fragte ihn: Welches ist das höchste Gebot von allen?

Markus 12,28

Das war eine echte und ernstgemeinte Frage. Der Schriftgelehrte wolle wirklich eine Antwort. Jesus hatte zu diesem Zeitpunkt gerade zwei Diskussionen hinter sich, bei denen es nicht um Antworten ging, sondern nur darum, sich ordentlich zu streiten. Bei dem einen Streitgespräch war es ums Geld gegangen, bei dem anderen um das Leben nach dem Tod. Das sind beides Themen, über die sich bis heute trefflich streiten lässt. Aus beiden Streitgesprächen war Jesus als Sieger hervorgegangen, indem er die Heuchelei der Pharisäer und die Irrlehre der Sadduzäer enttarnte.

Aber nun kommt eine ehrliche Frage. Die jüdische Schriftgelehrsamkeit zählte 318 Gebote im Gesetz Gottes, 248 Gebote und 365 Verbote. Da liegt der Wunsch, diese irgendwie zu sortieren und zu gewichten durchaus nahe. Der Schriftgelehrte will Jesu Meinung dazu hören.

Was würde wohl passieren, wenn der Schriftgelehrte mit seiner Frage heute zu verschiedenen Kirchen und Gemeinden ginge und eine „Hitliste der schlimmsten Sünden" oder ein „Ranking der wichtigsten Regeln" haben wollte. Das Ergebnis würde ihn vermutlich verwirren bis schockieren. Nicht umsonst gab es in der jüdischen Tradition Gesetzeslehrer, die es absolut ablehnten, irgendeine Klassifizierung oder Sortierung an dieser Stelle vorzunehmen.

Sicher wollte der Fragesteller gerne wissen, ob Jesus das auch so sah. Es gab nämlich andere Schriftgelehrte, die sehr wohl zwischen verschiedenen Arten des Gesetzes und unterschiedlichen Schweregraden der Übertretung desselben unterschieden. Deshalb möchte er wissen, welches das „erste" Gebot ist, so heißt es im ursprünglichen Wortlaut.

Und darauf lässt Jesus sich ein. Doch die Antwort ist auf den ersten Blick nicht originell, sondern findet sich in der Thora. Jesus antwortet mit dem jüdischen Glaubensbekenntnis, dass jeder erwachsene jüdische Mann zweimal täglich betet. Die Worte stammen aus dem 5. Mose 6,5. Gott ist einer und das erste ist die unbedingte Liebe zu ihm mit allem, was den Menschen als Ganzen ausmacht. Dazu kommt ein „zweites" (Luther übersetzt es als „anderes"). Das stammt aus 3. Mose 19,18: „Du sollst deinen Nächsten lieben wie dich selbst."

Die Liebe zu Gott und zum Nächsten ist der Anfang von allem. Der Schriftgelehrte versteht das und in der Weise jüdischer Gelehrsamkeit wiederholt er, was er gehört hat. Jesus sagt daraufhin, dieser sei „nicht fern vom Reich Gottes" (Markus 15,34).

Denn das Reich Gottes, das in Jesus zu den Menschen kommt, ist genau das: die Herrschaft der Gottes- und Nächstenliebe. Man könnte auch sagen: es ist das, was Jesus tut. Er liebt seinen himmlischen Vater und er liebt die Menschen bis zum Tod am Kreuz.

Das Reich Gottes kennt kein kleinliches Aufrechnen und Abwägen von Geboten und Verboten, was immer dazu führt, dass am Ende einige Menschen besser dastehen als andere, einige Sünden immer schlimmer sind als andere und manches auch getrost vernachlässigt werden kann.

Du stehst aber nicht gut da oder sogar besser als andere. Aber die bedingungslose Liebe Gottes gilt dir trotzdem. Es ist eigentlich schon zu viel, von einer Antwort oder Dankbarkeit zu sprechen, was dein Tun und Lassen angeht. Sondern es ist die Gottes- und Nächstenliebe Jesu, die sich in deinem Wesen und Verhalten Bahn bricht. Das Erstaunliche daran ist: Diese Liebe tut nichts anderes als das, was Gott geboten und verboten hat.

Der Schriftgelehrte hat seine Antwort bekommen. Ich hoffe, wir auch.

## 19. Sonntag nach Trinitatis

# Vergebung

Heile du mich, Herr, so werde ich heil; hilf du mir, so ist mir geholfen
Jeremia 17,14

Was würde Sie dazu bringen, etwas völlig Undenkbares zu tun? Vielleicht etwas, das absurd, peinlich oder zweifelhaft ist? Es gibt die Erfahrung, dass Menschen nicht für sich selbst, aber für einen anderen geliebten Menschen bereit sind, so etwas zu tun.

Die Bibel erzählt eine solche Geschichte: Im Dorf Kapernaum am See Genezareth war etwas los. Jesus war gekommen und redete in einem Haus zu den Menschen. So viele drängten sich in das Haus, dass man hätte dranschreiben können: „Wegen Überfüllung geschlossen." Da stand nicht mal „Anlieger frei", doch dann kam einer, der hatte ein Anliegen oder besser gesagt, er musste liegen. Weil er nämlich gelähmt war. Doch er besaß vier Freunde, die ihn kurzerhand mit seiner Schlafmatte hochgehoben und zum Haus getragen hatten. Doch da kam nicht mal eine Maus rein und raus, geschweige denn dieser Krankentransport. Und dann kommt es: Die Freunde schleppen den Gelähmten über die Außentreppe auf das Flachdach des Hauses und buddeln ein Loch in die Lehmdecke. Das war nicht nur Sachbeschädigung und sah auch etwas merkwürdig aus, nein, es war auch ein Risiko. Denn als die Öffnung fertig war, ließen sie den Gelähmten auf seiner Decke hinunter. Das hätte auch schief gehen können. Und wer wusste schon, wie Jesus das finden würde, wenn ihm da einer mitten in seiner Predigt vor die Füße plumpst.

Doch Jesus sieht mehr als das kaputte Dach und die Gesichter voll Hoffnung und Angst der vier Freunde. Er sieht auch mehr als die Tatsache, dass der Mann da auf dem Boden offensichtlich nicht gehen kann. Deshalb sagt er: „Mein Sohn, dir sind deine Sünden vergeben.", was den Leuten um ihn herum wohl ziemlich absurd vorgekommen ist. „Hey, Jesus, du hast das Problem vielleicht nicht erkannt. Der kann nicht gehen. Mach, dass er gehen kann!" Mag mancher gedacht haben. Vielleicht wurde auch jemand etwas zynisch: „Toll Jesus, das hilft dem Armen jetzt aber auch. Mann, mach was Richtiges!"

Wie gesagt, vielleicht war das so. Auf jeden Fall wird berichtet, dass auch ein paar Schriftgelehrte zu den Predigthörern gehörten. Und die dachten: „Moment mal, was fällt denn diesem Rabbi Jesus ein, hier einfach Sünden zu vergeben? Das kann nur Gott." Und Jesus sieht auch hier mehr als andere. Er weiß, was diese gelehrten Männer dachten, denen es vorgeblich um Gottes Ehre ging, aber ganz sicher nicht um den Gelähmten auf seiner Matte und auch nicht um Jesus. Denn Jesus fragt sie: „Was denkt ihr da eigentlich? Was ist wohl leichter: diesen Menschen zu heilen, oder ihm die Sünden zu vergeben?" Auch unsere spontane falsche menschliche Antwort ist: Sünden vergeben. Klar, uns wurden ja auch schon öfter die Sünden vergeben, als wir von schweren Krankheiten spontan geheilt wurden. Aber da haben wir zu kurz gedacht. Jesus demonstriert den Menschen dort in Kapernaum und uns, dass er Vollmacht hat, Sünden zu vergeben und die Macht, Wunder zu tun. Richtig, Sünden vergeben kann nur Gott allein und nur Gott kann Wunder tun. Jesus ist Gott. Und so sagt er zu dem Gelähmten: „Steh auf, nimm dein Bett und geh heim" (Lukas 5,24).

Warum sind die vier Freunde des am Ende Geheilten zu dieser Aufsehen erregenden Aktion bereit gewesen? Weil es um ihren kranken Freund ging. Ja, aber noch mehr. Weil sie für diesen Freund Hoffnung hatten. Weil sie darauf vertrauten, dass Jesus ihm helfen würde und wollte. Ob es ein eher seelisches oder das körperliche Problem war? Oft liegt das ineinander. Nicht so, dass jede Krankheit eine Folge von Schuld ist, aber so, dass seelische Lasten Auswirkungen auf den Körper haben können und Krankheiten auch die Seele belasten.

Vielleicht war der Gelähmte soweit, dass er das alte Gebet des Propheten Jeremia: „Heile du mich, Herr, so werde ich heil; hilf du mir, so ist mir geholfen …" schon gar nicht mehr zu beten wagte. Aber es kann ja sein, dass seine Freunde daraus eine Fürbitte gemacht hatten: „Hilf du ihm Herr, so ist ihm geholfen. Heile ihn, dann ist er geheilt." In der Geschichte heißt es: „Und als er ihren Glauben sah, sprach er …" (Lukas 5,20).

Es ist etwas Großes, für einen anderen Menschen die Hoffnung zu bewahren. Wir tragen alle, um die wir uns sorgen voll Glauben und Vertrauen zu Jesus: „Heile du sie Herr, so werden sie heil. Hilf du ihnen Herr, so ist ihnen geholfen."

## 20. Sonntag nach Trinitatis

# Die Ordnungen Gottes

Solange die Erde steht, soll nicht aufhören Saat und Ernte, Frost und Hitze, Sommer und Winter, Tag und Nacht.

1. Mose 8,22

Worauf kann man sich eigentlich noch verlassen? Nun, zumindest auf die Tatsache, dass die Sonne morgen früh wieder aufgehen wird. Darauf, dass es eine gute Idee ist, langsam aber sicher warme Jacken und Schuhe herauszuholen. Auch darauf, dass die abgeernteten Felder im nächsten Frühling von zartem Grün überzogen sein werden.

Da kann man doch nur sagen: Gott sei Dank. In der Bibel können wir lesen, wie die Menschen schon vor mehreren tausend Jahren von den Gesetzmäßigkeiten und Rhythmen der Welt fasziniert waren. Dass Sternbilder zu bestimmten Zeiten erscheinen, dass der Mond ab- und zunimmt, dass es Jahreszeiten gibt, dass die Sonne auf und unter geht – einfach zum Staunen. Und das alles sind nicht autonome Naturkräfte, vielleicht sogar böse oder gute Mächte, sondern die Zeit und die Rhythmen der Natur ruhen in Gottes Hand.

Gottes Ordnungen ermöglichen Leben. Die Naturwissenschaften können uns sagen, in wie großem Maße das der Fall ist. Die Neigung der Erdachse ein wenig anders, der Abstand zur Sonne etwas weiter oder kürzer, die Vegetationsperioden ein bisschen verändert – und es wäre vorbei mit dem Leben auf der Erde.

Die Bibel sagt aber noch mehr. Nicht nur, dass Gott unwandelbar und treu für die Erde sorgt in den Ordnungen der Schöpfung, er hat auch für das Zusammenleben der Menschen Ordnungen gegeben.

Eine wichtige, nämlich die, in der sich die natürliche und die gesellschaftliche Dimension berühren, ist die Ehe. Deshalb denkt die Kirche am 20. Sonntag nach Trinitatis, wenn es um die Ordnungen Gottes geht, darüber nach. Jesus selbst hat einmal die Sprache darauf gebracht. Er wurde zum Thema Scheidung gefragt. Scheidungen waren nach den Rechtssatzungen Israels möglich. Jede Zeit, jede Gesellschaft und jedes Rechtssystem hat andere Vorschriften zum Thema Ehe. Aber das heißt nicht, dass Ehe einfach nur eine zeitbedingte Vorstellung ist, die man beliebig ändern oder auch ganz leugnen kann. Darum verweist Jesus auf die Schöpfung: „… aber von Anfang der Schöpfung an hat Gott sie geschaffen als Mann und Frau. Darum wird ein Mann seinen Vater und seine Mutter verlassen und wird an seiner Frau hängen, und die zwei werden ein Fleisch sein. So sind sie nicht mehr zwei, sondern ein Fleisch. Was nun Gott zusammengefügt hat, soll der Mensch nicht scheiden" (Markus 10,6–9).

Man sollte genau hinhören. Jesus spricht von einem Mann und einer Frau, die von Gott unauflöslich zusammengefügt werden. Das kann man durchaus die biblische Definition von Ehe nennen. Gottes Ordnungen ermöglichen Leben. Auch in diesem Fall. Man kann die Geltung der Ordnung leugnen oder ignorieren, aber man kann sie nicht außer Kraft setzen. Der Mensch kann sich weigern, einen Wintermantel anzuziehen, aber er kann nicht ändern, dass es jetzt so langsam kalt wird. Er kann auch darauf verzichten, Straßenlaternen zu betreiben, aber es wird trotzdem Nacht.

Das ist auch mit der Ehe so. Man kann Gottes Ordnung ignorieren, aber man wird dann auch mit den Folgen leben. Ordnung hört sich so an wie etwas, dass man abstrakt anerkennen oder ablehnen kann. Gemeint ist aber ein Ordnungsgefüge, das einen Raum gestaltet, in dem gelebt werden kann und soll. Nichts anderes ist die Ehe. Mit dem Staunen und der Dankbarkeit fängt auch bei dieser Ordnung der Schöpfung alles an …

## 31. Oktober – Gedenktag der Reformation (Reformationsfest)

# Reformation

So halten wir nun dafür, dass der Mensch gerecht wird ohne des Gesetzes Werke, allein durch den Glauben.

Römer 3,28

Haben Sie das schon einmal gehört? Dieser Satz ist das persönliche Glaubensbekenntnis des Apostels Paulus. Er ist dann auch die allergewisseste Überzeugung Martin Luthers geworden und bis heute sind diese Worte der innerste Kern dessen, was ein lutherischer Christ glaubt.

Aber wie das so ist mit solchen Kernsätzen – jeder muss sie für sich nachsprechen, selbst sprechen, eigene Worte dafür finden. Dies ist zum Beispiel mein Versuch: „Wir sind überzeugt davon, dass Gott jeden Menschen für gerecht ansieht und ihn von seiner Schuld freispricht, ohne dass er etwas dazu tun kann oder tun muss. Einzig und allein durch den Glauben an Jesus Christus geschieht das.“ Versuchen Sie es doch auch einmal!

Aber sie merken schon: was man selbst formuliert, wird meistens länger. Das ist ja die Stärke solcher formelhafter Wendungen, dass man sie kurz und knapp in Kopf und Herz behalten kann. Auch in diesem Jahr will das Reformationsfest am 31. Oktober uns dazu helfen, uns diesen Satz ganz, ganz fest einzuprägen. Es geht nicht darum, irgendwelche „Lutherfestspiele“ zu zelebrieren und mit Gänsehaut und viel Gefühl „Ein feste Burg ist unser Gott“ zu singen.“ Das kann man tun und dabei am Sinn der Reformation total vorbeigehen. Reformation ist Beseitigung der Deformation! Es ging Luther um die Freiheit eines Christenmenschen. Diese besteht nicht darin, dass jeder tun und lassen kann, was er will und Gott diese vermeintliche „Freiheit“ gut finden muss.

Nein, gerade weil Gott nicht alles gut findet, was wir tun und denken und fühlen, hätte er ja Grund, das Urteil „nicht gerecht, nicht richtig“ über uns und unser Leben zu fällen. Und dieses Urteil ist richtig und Gottes Maßstäbe sind gerecht.

Sie werden sich auch nicht ändern. Sonst könnte man es ja so machen: Hängt die moralische Latte zu hoch und niemand kommt drüber, okay, dann hängen wir die Latte doch einfach tiefer. Aber geht das? Ich glaube nicht. Gottes Wort sagt nicht zu allem und jedem etwas, aber wo Gott in der Bibel seinen Willen kundtut, da gilt er auch. Falsche Ermäßigung ist da keine Lösung.

Wenn das also nicht geht, dann also nächster Versuch. Der Mensch muss so gut werden, dass er es von sich aus über die Hürde des Gesetzes schafft. Dazu muss man den Menschen dann mit Zuckerbrot und Peitsche antreiben und sich alle möglichen Hilfsmittel überlegen, wie man ihn doch noch über die Stange hieven kann, weil er da eben nicht rüberkommt. Das war die Deformation, gegen die Luther angepredigt und angeschrieben hat.

Der Mensch ist von sich aus nicht so gut, dass er es über diese Hürde, diesen unendlichen Graben zwischen ihm und Gott schaffen kann. Da sind auch keine Anknüpfungspunkte, an denen man ihn ziehen und schieben kann. Es hilft auch nichts, zu behaupten, Gott würde aus Gnade die Anschubenergie geben und dann könnte der Mensch aber selbst springen. Der Mensch kann nicht.

Es konnte nur von der anderen Seite her gehen. Die Messlatte von Gottes Gesetz bleibt. Der Mensch kommt nicht drüber. Aber weil Christus dieses Gesetz erfüllt hat, einer für alle und ein für alle Mal, sagt Gott nun: „Christus ist für dich über die Hürde gesprungen, er hat diesen schrecklichen Graben zugemacht und obwohl du es nicht geschafft hast und dein Leben nicht genügt, sehe ich dich so an, als ob du über die Messlatte gekommen wärst. Du bist gerecht, weil ich dich gerecht spreche." Und wir sagen: „Ich kann von mir aus niemals über diesen Graben springen und die Messlatte liegt viel zu hoch. Aber Jesus ist für mich drüber gesprungen. Ich bin frei, weil Gott mich frei spricht. Ich bin gerecht, weil Gott mich gerecht macht." Das nennt man Glauben. Darum ging es Martin Luther. Der Glaube allein!

Propheten groß und
Patriarchen hoch,
auch Christen insgemein,
die weiland dort trugen des
Kreuzes Joch
und der Tyrannen Pein,
schau ich ihn Ehren schweben,
in Freiheit überall,
mit Klarheit hell umgeben,
mit sonnenlichtem Strahl.

Johann Matthäus Meyfart

Heiliger allmächtiger Gott,
ich staune über die Erkenntnis,
dass deine Kirche oft dann,
wenn sie unterdrückt und verfolgt
wird, am lebendigsten erscheint
und deine Macht und Ehre
am überzeugendsten verkündigt.
Ich danke dir für alle Menschen,
die als Lehrer der Kirche,
Bekenner, Wohltäter der
Nächstenliebe, Zeugen und
Blutzeugen das Evangelium mit
ihrem ganzen Leben verkündet
haben und uns zum Vorbild
geworden sind.

## 1. November – Gedenktag der Heiligen

# Die Wolke der Zeugen

Danach sah ich, und siehe, eine große Schar, die niemand zählen konnte, aus allen Nationen und Stämmen und Völkern und Sprachen; die standen vor dem Thron und vor dem Lamm, angetan mit weißen Kleidern und mit Palmzweigen in ihren Händen ...

Offenbarung 7,9

Im Himmel geht es international zu. Da versammeln sich vor dem Thron Gottes Menschen aus allen „Nationen und Stämmen und Völkern und Sprachen". Der Heilige Geist sammelt seit Pfingsten Menschen „aus allen Nationen und Stämmen und Völkern und Sprachen" in der einen Kirche hier auf der Erde, so dass es eigentlich nicht verwunderlich ist, dass auch das eine internationale Angelegenheit ist. Johannes darf einen Blick in den Himmel tun und den Gottesdienst dort erleben. Er sieht, wie die Schar der Heiligen Gott lobt. Sie tragen weiße Kleider als Zeichen der Unschuld und Reinheit, weil ihnen durch Christus ihre Sünden vergeben sind. Und sie tragen Palmzweige in den Händen als Symbol des Sieges, weil sie auf Erden ihrem Glauben treu geblieben sind – bis zum Martyrium. Wie großartig muss das sein, wenn es auch dort heißt: „Wir hören sie in unsern Sprachen die großen Taten Gottes verkünden" (Apostelgeschichte 2,11).

So manch eine Gemeinde erlebt das ja jetzt auch hier und heute, dass etwas von der Vielsprachigkeit des Reiches Gottes in ihren Gottesdiensten laut wird und Christen ganz unterschiedlicher Nationalität gemeinsam Gott loben. Und man kann es diesen Gemeinden nur wünschen, dass sie sich den Segen solcher Erlebnisse nicht durch die Angst, die Kartoffeln könnten fünf Minuten später auf dem Mittagstisch stehen, weil es mit den Übersetzungen noch nicht wie im Himmel ist, selbst kaputt machen.

Aber auch eine ganz kleine Gemeinde am Ende der Welt, in die sich nie jemand fremdes verirrt, ist, wenn sie sich zum Gottesdienst versammelt, megainternational. Da sind natürlich zum einen die Engel, die diese Kategorien sogar noch sprengen und dann auch die Gemeinschaft der Heiligen, oder man sagt auch „die Wolke der Zeugen.“ Da sind Petrus und Paulus, das waren Juden, der Kirchenvater Augustinus, ein Nordafrikaner, St. Martin, ein in Gallien lebender Römer, Nikolaus aus Myra in der Türkei, St. Patrick aus Irland, Bonifatius und Lioba aus England, Franziskus und Clara waren Italiener, die ungarische Königstochter Elisabeth von Thüringen, Hildegard von Bingen, die Spanierin Teresa von Avila, Martin Luther, gebürtig aus Eisleben – ergänzen Sie, wer ihnen wichtig ist. Und dann die vielen, von denen wir nur einige nennen können als Beispiel, die als Märtyrer gestorben sind: die Blutzeugen unter Kaiser Nero in Rom, Jan van Esch und Hinrich Voes (1523), Hugenotten in der Bartholomäusnacht, Christen im Widerstand gegen das 3. Reich, verfolgte Christen in Nordkorea, im Iran … „Diese sind's, die aus der großen Trübsal kommen … das Lamm mitten auf dem Thron wird sie weiden und leiten zu den Quellen lebendigen Wassers, und Gott wird abwischen alle Tränen von ihren Augen“ (Offenbarung 7,14.17).

Gott gedenkt seiner Heiligen, ihr Tod ist wertgeachtet in seinen Augen. Und darum halten auch wir sie in Ehren. So wahr es ist, dass es nur einen Mittler und Fürsprecher vor Gott gibt, nämlich Jesus Christus und wir darum nicht zu den Heiligen beten sollen, so wahr ist es auch, dass die Kirche und jeder einzelne Christ sich geborgen fühlen kann in dieser wunderbaren großen Schar von Glaubenszeugen und sich auch einzelne als persönliche Vorbilder aussuchen darf. So sagt es das lutherische Bekenntnis im 21. Artikel der Augsburgischen Konfession: „Von der Heiligenverehrung lehren unsere Theologen, dass man der Heiligen gedenken soll, um unseren Glauben zu stärken, wenn wir sehen, wie ihnen Gnade widerfahren ist, und auch, wie ihnen durch den Glauben geholfen wurde; zudem, dass man sich ihre guten Werke zum Vorbild nehme, ein jeder in seiner ihm zugewiesenen Lebensaufgabe.“ Nichts anderes tun wir am „Gedenktag der Heiligen.“

Wer sind die vor Gottes Throne
was ist das für eine Schar?
Jeder träget eine Krone,
glänzend wie die Sterne klar.
Halleluja singen all,
loben Gott mit hohem Schall.
Es sind Zeugen eines Namens,
der uns Huld und Heil gebracht;
haben in dem Blut des Lammes
ihre Kleider hell gemacht;
sind geschmückt mit Heiligkeit,
prangen nun im Ehrenkleid.

## 21. Sonntag nach Trinitatis

# Feindesliebe

Ihr habt gehört, dass gesagt ist: »Du sollst deinen Nächsten lieben« (3. Mose 19,18) und deinen Feind hassen. Ich aber sage euch: Liebt eure Feinde und bittet für die, die euch verfolgen, auf dass ihr Kinder seid eures Vaters im Himmel. Denn er lässt seine Sonne aufgehen über Böse und Gute und lässt regnen über Gerechte und Ungerechte. Denn wenn ihr liebt, die euch lieben, was werdet ihr für Lohn haben? Tun nicht dasselbe auch die Zöllner? Und wenn ihr nur zu euren Brüdern freundlich seid, was tut ihr Besonderes? Tun nicht dasselbe auch die Heiden? Darum sollt ihr vollkommen sein, wie euer himmlischer Vater vollkommen ist.

Matthäus 5,43–48

„Das Besondere am Christentum ist doch die Nächstenliebe." Das hört man oft. Man kann es sogar noch zuspitzen: Das Besondere am Christentum ist die Feindesliebe!

Außergewöhnlich ist diese Feindesliebe, weil sie nicht natürlich ist. Ganz im Gegenteil: Biologisch gesehen ist die Freund-Feind-Kennung ganz wichtig fürs Überleben. Offensichtlich orientieren wir uns von Klein auf in der Welt, indem wir unterscheiden zwischen denen, die zu uns gehören und denen, die nicht dazu gehören. Und alle, die nicht zu uns gehören, sind potentiell gefährlich. Sagt der Instinkt.

Bei den Höhlenmenschen war das noch ziemlich einfach und nützlich. Ein Mensch aus der Sippe war gut, ein Säbelzahntiger nicht gut. Auch bei den alten Germanen funktionierte das hervorragend. Auf der Nordseite des Limes wohnten Freunde, auf der Südseite Feinde. Auch für das Leben in Sippen und Stämmen, wie Jesus es für den vorderen Orient vor Augen gehabt hatte, galt dieses Prinzip. Der Nächste, also das Sippenmitglied sollte geliebt und darum unterstützt werden, der Feind des Stammes gehasst und darum bekämpft. Und gab es das nicht noch im 20. Jahrhundert in Deutschland, dass die Leute aus dem Nachbardorf schon anders sprachen, sich anders kleideten und man auf keinen Fall etwas mit ihnen zu tun haben wollte?

Echt menschlich also. Aber echt christlich nicht. Auf jeden Fall anders als bei Jesus. Der hat ja bekanntlich für die gebetet, die ihn gerade umbrachten. Auch Stephanus, der erste Märtyrer schrie, als er gesteinigt wurde: „Herr, rechne ihnen diese Sünde nicht an!“ (Apostelgeschichte 7,60). Das ist sozusagen der Ernstfall des Gebetes für die Verfolger.

Das Gebet ist aber auch ein Testfall. Allen Appellen an unsere Humanität und Zivilisiertheit zum Trotz widersetzt sich nämlich der rachedurstige Höhlenmensch in uns nur zu gerne. Und dann üben wir doch Vergeltung, wo wir können und hassen und verachten ganz ungeniert. Und kommen nie auf den Gedanken, für echte oder vermeintlich Feinde zu beten.

Und dabei finden wir uns auch noch ganz in Ordnung, denn es ist ja nicht so, dass wir niemandem Liebe erweisen und Gutes tun würden. Wir möchten uns bloß gerne aussuchen, wer in diesen Genuss kommen soll. Zunächst einmal die, die uns zuerst lieben. Die Familie oder Freunde. Dann natürlich alle, zu denen wir freundlich sind, weil uns etwas verbindet, andere Christen zum Beispiel.

Und dann wundern wir uns, wenn Jesus davon überhaupt nicht beeindruckt ist. Tja, sagt er, auch Mafiosi sind zu ihren Bandenmitgliedern freundlich und um die eigenen Freunde zu lieben muss man nicht religiös sein.

Die vollkommene Liebe liebt auch die Feinde. Es ist diese vollkommene Liebe, mit der Jesus uns liebt und von der wir leben. Der natürliche Zustand des Menschen nach der Trennung von Gott ist Feindschaft. Jesus hatte nicht den allerkleinsten Grund für uns zu sterben als diese vollkommene Liebe. Er konnte auch nicht darauf warten, dass wir endlich keine Feinde mehr wären und uns dann helfen. Er hat sich auch nicht einige Menschen ausgesucht, die es verdient haben und den Rest dem Verderben überlassen.

Wir leben von der Großzügigkeit Gottes, leiblich und geistlich. Das wissen wir und nehmen es zum Vorbild für unseren Umgang mit anderen, auch wenn wir alle die Neigung haben, erst mal uns selbst zu schützen und mögliche Feinde schon vorsorglich auszuschalten. Kinder des Vaters im Himmel machen es anders.

## 22. Sonntag nach Trinitatis

# Verzeihen

Da trat Petrus hinzu und sprach zu ihm: Herr, wie oft muss ich denn meinem Bruder, der an mir sündigt, vergeben? Ist's genug siebenmal? Jesus sprach zu ihm: Ich sage dir: nicht siebenmal, sondern siebzigmal siebenmal.

Matthäus 18,21f

Das Aufrechnen und Abrechnen, das Mitzählen und die Frage, wann es denn eigentlich auch mal genug ist, steckt offensichtlich ganz tief in uns Menschen drin. Deshalb ist die Frage, die Petrus Jesus stellt, ja auch so menschlich verständlich. Und nach menschlichen Maßstäben ist sein inhaltliches Angebot ja sogar wirklich großzügig. Siebenmal Nachsicht und Vergeben, das ist doch etwas in einer Welt, in der man eigentlich schon keine zweite Chance mehr bekommt.

Doch Jesus überbietet das scheinbar großzügige Angebot des Petrus ins Unendliche. Die Vergebung für den „Bruder" ist quantitativ nicht zu begrenzen. Warum nicht? Weil Petrus sonst auch fragen müsste: „Herr, wie oft wird Gott mir vergeben, wenn ich an ihm sündige? Ist nach siebenmal Schluss?" Gott sei Dank eben nicht.

Es gibt Menschen, denen so Schreckliches angetan wurde, dass sie diesen christlichen Anspruch zur Vergebungsbereitschaft nicht gut hören können. Und es gibt andere, die fest davon überzeugt sind, es sich mit Gott ein für allen Mal verscherzt zu haben. Das sind sozusagen die Extreme. Gut, wenn beide seelsorgerliche Begleitung erfahren. Die einen, damit sie, vielleicht nach einem längeren Prozess, wirklich innerlich Frieden machen können und nicht zu einem oberflächlichen Vergeben dessen genötigt werden, was sie nicht vergessen können. Und die anderen, damit sie die wirklich unendliche Gnade Gottes erfahren und gelten lassen können.

Aber was ist mit all den anderen irgendwo dazwischen, zu denen vermutlich die meisten von uns gehören? Petrus und Jesus reden hier über die Häufigkeit des Vergehens. Interessanterweise nicht über dessen Schwere. Das ist sehr alltagstauglich. Ein Ehepaar, das sich wahrscheinlich den einen oder anderen heftigen Fehltritt verzeihen würde, kann trotzdem an den täglichen Kränkungen und Lieblosigkeiten scheitern. Die Häufigkeit macht das Vergeben so schwer. Deshalb versucht Petrus Jesus ja dazu zu bringen, einen Punkt zu benennen, an dem die Vergebungsbereitschaft aufhören darf.

Jesus erzählt Petrus dann eine Geschichte, in der ein Schuldner es zwar gerne annimmt, dass ihm vom König seine Schuld erlassen wird, gleichzeitig aber von seinem Mitknecht unbarmherzig das Geld eintreibt, dass er ihm geliehen hat. Vergebung ist ein Gesamtzusammenhang, bei dem man nicht an einer Stelle aussteigen kann.

Und doch kommen wir menschlich manchmal einfach an unsere Grenzen. Es ist auch nicht gut, diese Grenzen dann andauernd überschreiten zu lassen. Besser wäre es allerdings, wenn sich diese Grenzen weiten würden. Mit der Geschichte, die Jesus erzählt hat, macht er auch deutlich, wodurch das passieren kann. Indem wir nämlich erkennen, wie riesig die Schuld ist, die uns vergeben wird. Solange wir nicht verstanden haben, dass es um wirkliche Sünden und um wirkliche Vergebung geht werden wir aufrechnen und abrechnen, mitzählen und Schlussstriche ziehen. Wenn die Größe unserer Schuld und die Dankbarkeit für Gottes Vergebung uns auf die Knie zwingt, stellt sich die Frage des Petrus anders. Nicht mehr „wie oft muss ich vergeben?“, sondern „wie kann ich vergeben?“.

## 23. Sonntag nach Trinitatis

# Christen und Politik

So gebt dem Kaiser, was des Kaisers ist, und Gott, was Gottes ist!
Matthäus 22,21

Ein paar detailliertere Anweisungen Jesu an diesem Punkt hätten in der Geschichte der Kirche eine Menge Ärger erspart. Denn was nun dem „Kaiser" gehört, was also der Staat von einem Christen fordern darf und der Christ auch tun muss, das war und ist oft nicht so eindeutig.

Jesus wurde von einigen Pharisäern eine Falle gestellt. Diese machten sich aber nicht selbst die Hände schmutzig, sondern schickten ihre Anhänger und ein dazu ein paar Parteigänger des Königs Herodes. Es ging um die Frage, ob ein frommer Jude Steuern bezahlen sollte, denn in letzter Konsequenz brachte ihn das ja (schon allein durch die Steuermünzen mit dem „Götzenbild" des Kaisers darauf), in Berührung mit der heidnischen und darum aus jüdischer Sicht „unreinen" Staatsmacht. Abgesehen davon, dass es sich um eine Besatzungsmacht handelte. Es ging mehr um die religiöse Fragestellung.

Jesus ließ sich so eine Münze zeigen, verwies auf das Bild des Kaisers und beantwortete die Fangfrage mit dem Satz: „So gebt dem Kaiser, was des Kaisers ist, und Gott, was Gottes ist!" Damit war schon mal klar, Steuern sind zu bezahlen. Doch bis heute ist die Steuerklärung nicht gerade etwas Persönliches, sondern mehr ärgerlich und lästig. Aber was ist, wenn die Forderungen persönlicher werden. Darf ein Christ zum Beispiel vor Gericht oder beim Gelöbnis als Soldat einen Eid schwören, wo Jesus doch gesagt hat: „Ich aber sage euch, dass ihr überhaupt nicht schwören sollt ..." (Matthäus 5,34)?

Darf ein Christ als Richter die Todesstrafe verhängen? Kann ein Christ verantworten, als Polizist oder Soldat im Namen des Staates Gewalt anzuwenden, sogar jemanden zu töten? Sollte man sich als frommer Mensch nicht am besten sowieso möglichst von allen „weltlichen" Dingen fern halten? Bis heute werden diese Fragen immer wieder gestellt. Existentiell beantwortet werden müssen sie von denen, die als Christen und Staatsbürger Verantwortung übernommen haben.

Die lutherische Kirche ist zu dem Schluss gelangt, dass man sich nicht einfach darauf berufen kann, dass „unser Bürgerrecht im Himmel" ist (Philipper 3,21) und der Rest uns darum nichts angeht. Sondern ein Christ kann mit gutem Gewissen in Staat und Wirtschaft Aufgaben übernehmen: Im Augsburgischen Bekenntnis heißt es im 16. Artikel: „Christen können ohne Sünde in Regierungsverantwortung, im Fürsten- und Richteramt wirken, nach kaiserlichen und anderen geltenden Rechten Urteile fällen und Recht sprechen, Rechtsbrecher mit dem Schwert bestrafen, rechtmäßig Kriege führen und an ihnen teilnehmen, Prozesse anstrengen, kaufen und verkaufen, geforderte Eide leisten, Eigentum besitzen, heiraten usw."

Weltflucht ist keine Option. Gewissenlose Obrigkeitshörigkeit aber auch nicht. Denn, so heißt es im genannten Artikel des Bekenntnisses weiter: „Man muss Gott mehr gehorchen als den Menschen." (Apostelgeschichte 5,29)

Wobei wir also wieder bei der individuellen Gewissensentscheidung des Einzelnen sind, was er dem Kaiser gibt und was nicht. Maßstab ist an dieser Stelle das erste Gebot. Nur Gott ist über alle Dinge zu fürchten, zu lieben und zu vertrauen. In letzter Konsequenz ist ein Christ Bürger eines Reiches, das nicht von dieser Welt ist. Es ist eigentlich kein Wunder, dass alle Diktatoren der Geschichte, Menschen, die an Gott glauben, fürchten. An dem, was allein Gottes ist, endet ihre Macht nämlich. Jesus ist nicht in die Entweder-oder Falle getappt, die die Pharisäer ihm gestellt hatten. Er mutet uns zu, das auch nicht zu tun.

## 24. Sonntag nach Trinitatis

# Zeit und Ewigkeit

Ein jegliches hat seine Zeit, und alles Vorhaben unter dem Himmel hat seine Stunde: Geboren werden hat seine Zeit, sterben hat seine Zeit ...

Prediger 3,1f

Alles hat seine Zeit und alles ist zu seiner Zeit dran. Wir Menschen könnten uns so viel Sorgen und Hektik ersparen, wenn wir uns dieser Weisheit nicht verschließen würden. Aber nein, im Grunde versuchen wir uns als Herren über die Zeit aufzuspielen, wollen Dinge beschleunigen oder verlangsamen und stoßen an schmerzliche Grenzen.

Der Weisheitslehrer aus dem Alten Testament nennt als erstes: geboren werden und sterben. Das ist vielleicht die tiefste Kränkung der menschlichen Selbstherrlichkeit, dass wir Anfang und Ende des Lebens nie wirklich in der Hand haben werden. Gerade deshalb ist ja die Versuchung so groß, die medizinischen Möglichkeiten um Geburt und Tod auch über das von Gott gesetzte Maß auszureizen.

Geboren werden hat seine Zeit. Eine Schwangerschaft dauert, solange sie eben dauert und niemand wird ohne zwingenden Grund eine Geburt künstlich einleiten. Egal, ob die werdende Mutter noch will oder noch kann – ihre Stunde kommt, wenn es soweit ist. Auch der Tod kommt, wenn für einen Menschen die Zeit gekommen ist, zu gehen. Nicht, dass man sich vorschnell in sein vermeintliches Schicksal fügen soll, aber die Erkenntnis, dass man sich irgendwann dem Sterben stellen muss, verhilft zu einer gewissen Reife. Eine Reife und Weisheit, zu der niemand gelangt, der den Tod verdrängt oder meint, er könnte den Kampf gegen ihn gewinnen. Der Tod kann erschreckend früh in ein Leben einbrechen. Aber wer sind wir Menschen, dieses Leben dann zu werten? Als sei es bei manchen „noch zu früh" und ab einem Alter dann „ja ganz normal". Sterben wird nie ganz normal sein.

So wenig wir über die uns zugemessene Lebensspanne wissen, so wenig können wir auch bei den großen und kleinen Ereignissen des Lebens das Maß der Zeit bestimmen. Wie gerne möchten wir, dass Entscheidungen endlich fallen, Schicksale sich wenden, der Termin für eine Untersuchung oder Prüfung endlich da ist. Umgekehrt scheint die Zeit manchmal auch zu schnell zu vergehen. Scheinbar über Nacht sind Kinder erwachsen und gehen ihre eigenen Wege, ein Projekt, eine Arbeit kommt zum Abschluss, obwohl man sich gerade so gut damit arrangiert hatte. Wir können die Zeit nicht anhalten. „pflanzen hat seine Zeit, ausreißen, was gepflanzt ist, hat seine Zeit; … abbrechen hat seine Zeit, bauen hat seine Zeit …“ so sagt es der Weisheitslehrer weiter.

Und so beglückend oder schmerzlich es auch ist, das Gleiche gilt auch für menschliche Gefühle und Beziehungen. „weinen hat seine Zeit, lachen hat seine Zeit; klagen hat seine Zeit, tanzen hat seine Zeit; … herzen hat seine Zeit, aufhören zu herzen hat seine Zeit; … lieben hat seine Zeit, hassen hat seine Zeit; Streit hat seine Zeit, Friede hat seine Zeit“ (Prediger 3,2–8). Das anzunehmen kann uns helfen, gelassener und barmherziger mit uns selbst umzugehen. Ja, manchmal weint man, vielleicht sogar grundlos. Klagen darf seinen Raum haben, aber tanzen auch. Kein Liebeskummer währt ewig, keine Ehe ist immer harmonisch, es gibt Zeiten des Friedens und des Streitens.

Und welches Fazit zieht nun die Weisheit des Alten Testaments daraus? „Er hat alles schön gemacht zu seiner Zeit, auch hat er die Ewigkeit in ihr Herz gelegt; nur dass der Mensch nicht ergründen kann das Werk, das Gott tut, weder Anfang noch Ende“ (Prediger 3,11). Unsere Zeit ist umarmt von der Ewigkeit. Wir sind gehalten und Gott „hat alles schön gemacht“ – nur ergründen können wir es nicht. Aber glauben.

## Drittletzter Sonntag im Kirchenjahr

# Ende der Welt

Es wird aber des Herrn Tag kommen wie ein Dieb; dann werden die Himmel zergehen mit großem Krachen; die Elemente aber werden vor Hitze schmelzen, und die Erde und die Werke, die darauf sind, werden nicht mehr zu finden sein.

2. Petrus 3,10

Oberflächlich betrachtet ist es eine Frage der persönlichen Vorlieben: Die einen empfinden einen wohligen Schauer, wenn sie Weltuntergangsszenarien gemütlich vom Sofa aus in Spielfilmlänge betrachten, andere mögen das gar nicht. Überhaupt sind Menschen ja ganz unterschiedlich. Manche können sehr gut mit Veränderungen umgehen, sie genießen es sogar, wenn etwas an ein Ende kommt und dafür etwas Neues beginnt. Andere kostet jeder Wechsel, jede Umstellung, jeder Abschied extrem viel Kraft und am liebsten möchten sie alles vermeiden, was damit zu tun hat. Und dann sind da auch noch die unterschiedlichen Lebenssituationen. Den einen geht es so schlecht, dass jede Veränderung, sogar das Ende, wünschenswert erscheint. Den anderen geht es so gut, dass sie das Gefühl haben, das könnte ewig so weiter gehen.

Aber nun wird beiden gesagt: diese Welt und alles darauf wird ein Ende haben! Wenn uns Naturwissenschaftler etwas in dieser Richtung erzählen oder Atomkraftgegner den Supergau an die Wand malen, dann schützen sich die meisten Menschen mit einem: „Ach na ja, wer weiß das schon. Das kann passieren, muss aber nicht."

Aber nun sagt es uns Gottes Wort und das ist keine Frage der persönlichen Vorliebe. Der „Tag des Herrn", das ist der letzte Tag dieser Welt und für diesen letzten Tag wird es keine Vorankündigung geben. Die Bibel weiß an anderen Stellen von Zeichen des Endes zu reden, aber immer wird betont: es gibt keine definitive Ankündigung des Zeitpunkts, es wird plötzlich geschehen.

Der letzte Tag wird auch der Tag des Jüngsten Gerichts sein, alles wird sein Urteil finden: was Menschen geleistet und was sie versäumt haben, wo sie schuldig wurden und was sie erlitten haben. Aus diesem Gericht wird errettet, wer zu Jesus Christus gehört.

Ob wir mit dem Wissen um die Endlichkeit unserer Lebens und Welt nun gut umgehen können oder nicht, ob wir eigentlich keinen Grund sehen, auf diesen Jüngsten Tag zu warten oder doch, danach werden wir nicht gefragt.

Es wird uns angekündigt. Und damit bekommt alles eine neue Reihenfolge. Wenn es etwas Letztes gibt, dann wird alles andere, egal wie bedeutend es uns zu sein scheint, zu einem Vorletzten und damit relativiert. Jede Entscheidung, jeder Erfolg, jede Niederlage, jedes Glück und jedes Leid gehören zum Vorletzten. Sie werden nicht das Letzte sein, was über unser Leben zu sagen ist.

## Vorletzter Sonntag im Kirchenjahr

# Das jüngste Gericht

Denn wir müssen alle offenbar werden vor dem Richterstuhl Christi, auf dass ein jeder empfange nach dem, was er getan hat im Leib, es sei gut oder böse.

2. Korinther 5,10

Wer bekommt es schon gerne mit der staatlichen Gesetzgebung zu tun? Der Gedanke, sich für seine diversen Ordnungswidrigkeiten oder gar Straftaten verantworten zu müssen, ist äußerst unangenehm. Der Gedanke, den Prozess gemacht zu bekommen und dazu vor Gericht erscheinen zu müssen, ist peinlich. Der buchstäbliche „Gesichtsverlust". Deshalb dürfen Angeklagte ja auch in Deutschland nicht öffentlich zur Schau gestellt werden, es ist ihr Recht, den Aktendeckel vor ihr Gesicht zu halten.

Und nun so ein Wort aus der Bibel, das einem zu schaffen machen kann. Sollte es tatsächlich ein letztes Gericht geben, bei dem alles ans Licht kommt, auch das, was auf dieser Welt keiner gemerkt hat? Wird wirklich aufgedeckt werden, was ich alles getan, gesagt und sogar gedacht habe? Diese Vorstellung ist vielen Menschen nicht nur peinlich, sie ist schlicht unerträglich. Einen angenehmen Schauer verursacht sie nur bei denen, die blind sind in ihrer Selbstgerechtigkeit.

Gerade weil es so schwer auszuhalten ist, dass jeder, also auch ich, Rechenschaft ablegen müssen wird, muss man sich dieser Wahrheit stellen. Da helfen keine klugen Wortspiele von „Frohbotschaft statt Drohbotschaft" und der Hinweis auf den „lieben" Gott, der doch unmöglich ernst gemeint haben kann, was er gesagt hat. Ganz ehrlich, da würde ich mich nicht drauf verlassen.

Die Zeit am Ende des Kirchenjahres hilft uns, auf die ernsten Ansagen der Bibel zu hören. Am Drittletzten Sonntag des Kirchenjahres lautet die Botschaft: Diese Welt und dein Leben werden enden. Am Vorletzten Sonntag heißt es nun: Es gibt ein jüngstes, d.h. ein letztes Gericht. Und noch erschreckender: Dieses Gericht urteilt nach dem, was wir getan haben, also nach unseren Werken.

Es wird vor dem, der nicht nur unsere Taten, sondern auch unsere Motive kennt, noch einmal alles zur Sprache kommen. Es wird auch zur Sprache kommen, was uns angetan wurde. Es wird ans Licht kommen, was wir Gutes getan haben und was wir unterlassen haben. Insofern wird es gerecht zugehen.

Nur eins ist nicht möglich: dass die Bilanz irgendeines Lebens so ausgeglichen wäre, dass es für einen Freispruch reichen würde. Christus rettet uns nicht vor dem Gericht, sondern im Gericht. Er ist nicht nur der Richter, er ist auch der Anwalt, der Bürge, derjenige, der stellvertretend bezahlt.

Unser Urteil wäre der Tod. Unsere guten Werke, also das Positive in der Bilanz, trägt wohl einen Lohn in sich, aber noch wissen wir nicht, wie der in der Ewigkeit aussehen wird. Gott ist heilig, das bedeutet, er ist kein Buchhalter, mit dem man ein bisschen feilschen könnte, zumal schon eine einzige Sünde von Gott trennt. Jeder von uns hat mehr begangen.

Zwei Haltungen sind gefährlich. Die eine, die die Sünde in ihrer todbringenden Macht nicht wahrhaben will und die andere, die die Möglichkeit eines Gerichtes Gottes leugnet. Wenn einmal alles auf den Tisch kommen wird, was über uns zu sagen ist, dann rettet uns nur, was über uns auch zu sagen ist: dass Christus für uns gestorben ist. Dass wir durch die Taufe so eng mit ihm verbunden sind, dass Gott ihn sieht, wenn er uns anblickt. Martin Luther hat davon gesprochen, der Christ würde mit Christus „einen Kuchen" bilden. Was das bedeutet, wenn es ganz eng wird im Jüngsten Gericht, bringt sehr schön ein Text zum Ausdruck, der auch Luther zugeschrieben wird. Ein Teil davon lautet: „Ich hänge mich an den Hals oder Fuß Christi wie die Sünderin. Ob ich auch noch schlechter bin als diese, ich halte meinen Herrn fest. Dann spricht er zum Vater: Dieses Anhängsel muss auch durch. Er hat zwar nichts gehalten und alle Gebote übertreten, Vater, aber er hängt sich an mich. Was wills. Ich starb auch für ihn. Lass ihn durchschlupfen. Das soll mein Glaube sein."

Auf das Gehalten-Werden kommt es wohl noch mehr an, als auf das Festhalten. Auch vor dem Richterstuhl Christi.

# Buße und Umkehr

Gerechtigkeit erhöht ein Volk; aber die Sünde ist der Leute Verderben.
Sprüche 14,34

Vermutlich wissen die meisten Menschen in Deutschland nicht, was eigentlich ein Buß- und Bettag ist. Das war eigentlich auch nicht anders, als es sich noch um einen gesetzlichen Feiertag handelte. Die einen vermuteten, es sei eigentlich „Putz- und Fegtag" gemeint und nützen den freien Tag zum Hausputz vor der nahenden Adventszeit. Die anderen freuten sich über die Einrichtung eines „Bett-Tages", blieben in demselben und versuchten gar nicht erst herauszufinden, was das nun außerdem noch mit Bussen zu haben sollte.

Mittlerweile kann man weder putzen noch ausschlafen, was die Popularität dieses Tages nicht unbedingt erhöht hat. Dabei kommt es eigentlich gar nicht so sehr darauf an, ob das nun ein arbeitsfreier Tag ist oder nicht. Dass er am Mittwoch vor dem Ewigkeitssonntag stattfindet ist eine im 19. Jahrhundert getroffene Entscheidung, außerdem ist es ein rein evangelischer Feiertag. Das bedeutet allerdings nicht, dass Christen zu anderen Zeiten und in anderen Kirchen der Sache nach nicht immer schon solche Tage begangen hätten. Ursprünglich wurden sie von den Landesherren in besonderen Notzeiten angesetzt, das Volk sollte sich an Gott im Gebet wenden, seine Sünden bereuen und so den Zorn Gottes abwenden von Land und Leuten.

Es geht also um einen Feiertag, an dem das Kirchliche und das Politische oder Gesellschaftliche schon immer eng verbunden waren.

Es ist ja eine ernste Wahrheit, dass Sünde und Gerechtigkeit etwas mit dem Schicksal eines Volkes zu tun haben können. Und darum ist es gut, wenn in den Predigten am Buß- und Bettag nicht nur persönliche Verfehlungen der Zuhörer angesprochen werden, sondern es auch um die Sünden des ganzen Volkes geht. So geschieht es zum Beispiel in dem alten Lied aus dem Jahr 1561 „Wach auf, wach auf du deutsches Land." Manche mögen es nicht singen, weil sie darin das widerwärtige „Deutschland erwache" der

Nazis hören. Aber das Gebrüll der Straße hatte mit christlichen Liedern noch nie etwas zu tun. In Strophe 8 heißt es da:

Gott warnet täglich für und für,
das zeugen seine Zeichen,
denn Gottes Straf ist vor der Tür;
Deutschland lass dich erweichen,
tu rechte Buße in der Zeit,
weil Gott dir noch sein Gnad anbeut
und tut sein Hand dir reichen.

An diesem Tag ist den Menschen ernst anzusagen, dass Gott sich nicht spotten lässt. Die Verachtung seiner heiligen Gebote, die moralische Verrohung, das Ausbeuten der Schwachen, das Sich-Vergreifen am von Gott geschenkten Leben an seinem Anfang und Ende, Lüge und Betrug im Wirtschaftsleben erwecken Gottes gerechten Zorn. „Fürwahr, die Axt ist angesetzt und auch zum Hieb sehr scharf gewetzt; was gilts, ob sie dein fehlet." So heißt es in einer anderen Strophe des Liedes. Die Kirche hat zu mahnen und zu warnen, weil konkrete Missachtung Gottes und seiner Gebote auch konkrete Folgen hat. Und die Älteren haben es selbst erlebt, wie diese Axt auf einmal dreinschlagen kann, wenn das Maß der Ungerechtigkeit voll ist.

Es mag natürlich sein, dass sich in den Gottesdiensten am Buß- und Bettag allerdings vor allem diejenigen als Predigthörer finden, die sich solcher Schuld gar nicht bewusst sind, sondern eigentlich schon als Christen leben wollen. Auch die haben eine Aufgabe am Buß- und Bettag. Nämlich für sich und andere zu beten und sich um die Gerechtigkeit zu bemühen, die ein Volk erhöht. Hier ist nicht die Gerechtigkeit vor Gott gemeint. Sondern es geht um das menschliche Verhalten in der Kirche und außerhalb. Dietrich Bonhoeffer hat es 1944 so ausgedrückt: „Unser Christsein wird heute nur in zweierlei bestehen: im Beten und im Tun des Gerechten unter den Menschen." Diesen Satz zu beherzigen ist ein guter Anfang, den Buß- und Bettag zu begehen und zwar im Gottesdienst und anderswo.

## Ewigkeitssonntag

# Ewigkeit

Und der auf dem Thron saß, sprach: Siehe, ich mache alles neu!
Offenbarung 21,5

Wie wird es im Himmel sein? Eine alte Legende erzählt, zwei Mönche hätten sich das auch gefragt und sich viele Dinge ausgemalt. Am Ende vereinbarten sie, dass derjenige von ihnen, der zuerst sterben würde, dem anderen im Traum erscheinen solle und nur ein Wort sagen, um zu erzählen, wie es im Himmel ist. Entweder taliter, das heißt ebenso, genauso (wie wir es uns vorgestellt haben) oder aliter, das heißt anders (als wir es uns vorgestellt haben.). Als nun einer der beiden gestorben war, erschien er seinem Mitbruder tatsächlich im Traum. Er sagte zwei Worte: totaliter aliter – total anders.

Total anders wird es sein, wenn Gott einen neuen Himmel und eine neue Erde schaffen wird. Beschreiben lässt sich das nicht wirklich. Wo alles ganz neu ist, finden sich keine Vergleichspunkte.

Und doch lässt Gott uns am Ewigkeitssonntag einen Blick hinein in den Himmel werfen. Da sehen wir Christus auf dem Thron seiner Herrlichkeit. Der sich für die Menschen geopfert hat, der verachtet, erniedrigt und getötet wurde, der ist der Weltenherrscher, der ist der allmächtige Richter der Lebendigen und der Toten, der Herr der Geschichte. Und dieser Christus proklamiert seine Macht: „Ich bin das A und das O, der Anfang und das Ende“ (Offenbarung 21,6).

Am Uranfang der Schöpfung hat er alles aus dem Nichts erschaffen. Wenn er wiederkommt am Ende der Zeiten wird er der Welt durch sein allmächtiges Wort ein Ende bereiten und ein neues „Es werde …“ sprechen.

Wie das sein wird? Totaliter aliter. Unsagbar herrlich. Und unbeschreiblich gewaltig. Christus herrscht über seine Feinde. Der letzte Feind, der vernichtet wird, ist der Tod. Aber auch der Fürst dieser Welt, Gottes Gegenspieler, der die gute Schöpfung mit sich in den Abgrund gerissen hatte, empfängt sein Urteil. Leid und Schmerz und Tränen werden ein Ende haben, wenn die Ewigkeit anbricht.

Ewigkeit, das ist es, was uns erwartet, wenn wir an diesen Herrn und Richter als unseren Retter glauben. Ewigkeitssonntag – was für ein herrlicher Tag!

## Für Einzelne

# Morgengebet

Gott, auch diesen Tag hast du mir geschenkt und ich danke dir dafür. Jede Stunde, die vor mir liegt, ist wertvoll, weil du sie mir anvertraut hast. Was immer mich heute erwartet, du weißt es schon und ich vertraue dir, dass du alles so fügst, wie es gut ist.

Sei du bei mir. Schenke mir Kraft und guten Rat, dass ich die Herausforderungen bewältigen kann, vor die du mich gestellt hast. Erhalte in mir Glauben, Liebe und Hoffnung und vollende sie in der Treue zu dir und den Menschen, die du mir anvertraut hast. Halte deine schützende Hand über meine Lieben in der Nähe und in der Ferne und segne sie.

Herr, ich bitte dich an diesem Morgen um Gelassenheit und Mut, damit ich auch in schwierigen Situationen ruhig bleiben kann. Zeige du mir, wo heute meine Hilfe gebraucht wird.

Danke auch für alles Schöne, was mich heute erwartet und worauf ich mich freue. Danke, dass du mich, oft ohne dass ich es merke, mit allem Nötigen versorgst, meine Entscheidungen in die richtige Richtung lenkst, Menschen schickst, die mir helfen und mich in Gefahr behütest. Danke für alle Zeichen deiner Liebe und Fürsorge. Du stehst mir bei, auch wenn mir schwer wird, was ich heute zu tun habe. Segne diesen Tag. Amen

**Für Einzelne**

# Abendgebet

Lieber Vater im Himmel, am Ende dieses Tages komme ich zu dir und danke dir: für Menschen, die freundlich zu mir waren, für schöne Erlebnisse, für alles, was ich heute geschafft habe, für Bewahrung in gefährlichen Situationen.

Danke Herr für den Wechsel von Tag und Nacht. Bitte lass mich nun ruhig schlafen, damit ich neue Kraft schöpfen kann für meine Aufgaben. Bewahre mich vor Traurigkeit, Angst und Einsamkeit und tröste alle, die in dieser Nacht wachen und weinen. Sende deine heiligen Engel, dass sie mich und meine Lieben beschützen und schenke uns allen eine gute Nacht. Amen

# Fürbittengebet

Allmächtiger Gott, barmherziger Vater, im Vertrauen auf dein Versprechen, uns zu erhören kommen wir zu dir und bitten dich für die Kirche auf dem ganzen Erdkreis, dass der Heilige Geist sie in alle Wahrheit leitet und zur Einigkeit in der Wahrheit führt und für uns um das Gespür für die Zusammengehörigkeit aller, die an Christus glauben.

Halte deine schützende Hand über unsere Kirche und die Kirchen auf der ganzen Welt. Wir bitten dich für alle, die zur Leitung der Kirche berufen sind, dass du sie behütest und ihnen Zuversicht, Weisheit und Beherztheit schenkst. Segne und bewahre alle Geistlichen. Wir bitten dich auch für die Glieder unserer Gemeinden, dass sie in Glauben und Liebe erhalten werden und in ihre Umgebung ausstrahlen durch Menschenfreundlichkeit und Barmherzigkeit.

Sieh gnädig auf alle christliche Bildung und Erziehung und segne die Arbeit derer, die an Schulen, in Gemeinden und an theologischen Ausbildungsstätten tätig sind, zur reinen Lehre des Evangeliums und einem würdigen Leben. Fördere die Studierenden in der Erkenntnis der Wahrheit und hilf, dass junge Menschen ihre Berufung zum Dienst am Wort Gottes erkennen.

Wir bitten dich, himmlischer Vater, für unsere Brüder und Schwestern im Dienst der Barmherzigkeit, dass sie nicht nachlassen in der Nächstenliebe, sondern immer neu Ermutigung und Kraft empfangen; für die in diakonischen Einrichtungen Beschäftigten – und für alle, die dort Hilfe und Begleitung erfahren, sei du bei Ihnen mit deinem Trost und Segen.

Allmächtiger Gott, vor dir gedenken wir aller verfolgten Christen. Setze du ihrem Leiden ein Ende, bewahre sie davor, den Glauben zu verleugnen und lass ihre Bedränger durch ihr Glaubenszeugnis überwunden werden.

Wir bitten dich für alle, die in Politik, Wirtschaft und Gesellschaft zu entscheiden haben, dass sie mit Würde und Besonnenheit auf Herausforderungen reagieren, dass sie gerecht, barmherzig und angemessen entscheiden und dass sie Menschenverachtung und Gewalt entschieden entgegentreten.

Wir beten für alle, die von Krieg und Bürgerkrieg heimgesucht werden, für die Opfer von Terror und Willkür, für die Armen und Rechtlosen und für die Flüchtlinge, dass du Gott ihrem Leiden ein Ende setzt, dass die Hilfsbedürftigen Hilfe bei uns finden und dass die Welt nicht wegschaut.

Schenke deinen Frieden auch im Leben der Menschen, mit denen wir zusammenleben. Sei bei allen Ehepaaren, erhalte ihre Liebe und Treue in den Mühen des Alltags und lass sie erkennen, was sie aneinander haben. Hilf den Familien, die Herausforderungen des täglichen Lebens mit Humor und Zusammenhalt zu meistern. Segne auch unsere Kinder und Patenkinder, erhalte sie im Glauben und bewahre sie vor Unfall, Schaden und Gefahr für Leib und Seele.

In deine guten Hände befehlen wir alle, die wir liebhaben, die wir vermissen oder denen wir unser Gebet versprochen haben, und nennen dir in der Stille ihre Namen …

Herr, wir bitten dich auch für uns selbst, dass wir Liebe und Hoffnung bewahren, unseren Glauben an dich im Leben bewähren und uns bei dir geborgen wissen, was auch immer kommen mag.

Vater im Himmel, erhöre unser Gebet im Namen Jesu Christi. Dank sei dir für alles. Amen

# Gebet in Krankheit

Vater im Himmel, du hast mir das Leben geschenkt und es bis hierher bewahrt. Du hast mich wiedergeboren aus Wasser und Geist und mir den Glauben geschenkt, der mich mein ganzes Leben getragen und getröstet hat. Du hast mir dein Wort gegeben und mich dadurch geleitet, mir den Weg durchs Leben gezeigt. Du hast mich in die Gemeinde deiner Gläubigen gestellt und mir darin Aufgaben gegeben, mir Gaben gegeben, mit denen ich anderen zu deinem Lob und zu deiner Ehre eine Hilfe zur Freude sein darf.

In wieviel Not hast du mich mein ganzes Leben lang immer wieder getröstet, geheilt und gerettet, mir Licht gezeigt, wo ich nur Dunkel sah! Du hast mir eine Familie gegeben, die mich liebt und die ich liebe und bei der ich mich geborgen und im Gebet getragen wissen darf.

Für all das danke ich dir von ganzem Herzen und will es nicht vergessen, dass ich dein Kind und du mein lieber Vater bist.

Und trotzdem ist mein Herz jetzt voller Sorge, und das Schwere und Unbekannte, das auf mich zukommen könnte, ist mir manchmal eine bedrückende Last. Barmherziger Gott, tilge alles, was in mir gegen dich streitet. Öffne mein Herz und mein Ohr ganz für deine Stimme und lass mich in dir Ruhe finden.

Du weißt die Zahl meiner Jahre und kennst den Weg für mich und die Meinen. Bleibe bei mir auf den Wegen dieses Lebens und gib mir jeden Tag so viel Kraft, wie ich brauche, um jeden Tag mit allem was er bringt oder nimmt zu bestehen.

Gib mir ein dankbares Herz und helle Augen für alles Frohe und Beglückende, für die kleinen und unscheinbaren Zeichen deiner Liebe, dass ich Frieden habe in dir.

Nimm dich derer gnädig an in der Nähe und in der Ferne, die mir wert und teuer sind und die ich ganz in deine fürsorgenden Hände lege. Bei dir sind wir alle geborgen und still wie ein Kind, das du tröstest wie eine Mutter uns tröstet.

Nimm alles von mir, was zwischen mir und dir, zwischen mir und Menschen steht, die mir zu tragen geben, die mir fremd und schwierig erscheinen, an denen ich schuldig geworden bin und die an mir schuldig geworden sind. Dein Sohn Jesus Christus ist unser Friede: Schenke uns allen den Frieden, den die Welt nicht geben kann.

Stärke meinen Glauben an dich, meine Hoffnung auf deine Hilfe, meine Liebe zu dir und den Menschen Lass mich wach sein und auf dein Wort und deine Verheißung hin das Vertrauen auf deine Hilfe nicht vergessen und verlieren. Zeige mir an jedem Tag, was du mir schenkst und was du von mir willst.

Gott, du bist mein Gott, den ich suche. Du bist es, der mich hält und trägt. Dir will ich mich ganz hingeben. An dir halte ich mich fest – in der Freude und auch in meinem Leiden. Was du tust, das ist wohlgetan, dabei will ich bleiben. Darauf vertraue ich. Durch Jesus Christus, deinen Sohn, unseren Herrn. Amen

# Quellenverzeichnis

Bibelzitate folgen der Lutherbibel, revidiert 2017, © 2016 Deutsche Bibelgesellschaft, Stuttgart.


14f Jochen Klepper, Das Kirchenjahr. In: Kyrie, Berlin 1938 (abgedruckt in: Jochen Klepper, Ziel der Zeit, Bielefeld [8]1977, S. 54f)

23 Heinrich Held, ELKG 11,2; EG 12,2

29 Friedrich von Spee, ELKG 5,1; EG 7,1; GL 231,1

35 Gerhard Tersteegen, ELKG 33,4; EG 41,4; GL 251,4

39 Ernst Heinrich Gebhardt

51 Martin Luther, Der Kleine Katechismus. Das 2. Gebot. In: Vereinigte Evangelisch-Lutherische Kirche Deutschlands (Hrsg.), Unser Glaube © 2013, Gütersloher Verlagshaus, Gütersloh, in der Verlagsgruppe Random House GmbH, S. 466

55 Johann Rist, ELKG 51,2

76 Martin Luther, These 62–64, Disputation zur Klärung der Kraft der Ablässe, übersetzt von Johannes Schilling und Günther Wartenberg unter Mitarbeit von Michael Beyer. In: Johannes Schilling (Hg.), Christusglaube und Rechtfertigung. Martin Luther, Lateinisch-Deutsche Studienausgabe Band 2, Leipzig 2006, S. 1–15

77 Astrid Lindgren, Das entschwundene Land. Deutsch von Anna-Liese Kornitzky, Hamburg 1977, S. 78

81 Christian Fürchtegott Gellert, ELKG 71,1; EG 91,1

93 Johann Olearius, ELKG 448,1

96 Johann Ludwig Konrad Allendorf, ELKG 53,1; EG 66,1

103 Paul Gerhardt, ELKG 64,6; EG 84,6

109 Lorenz Lorenzen, ELKG 88,4; EG 114,4

114 Paul Gerhardt, ELKG 86,4; EG 112,4

118 Julie Katharina von Hausmann, ELKG 524; EG 376; GL 851

122 Martin Luther, Der Kleine Katechismus. In: Vereinigte Evangelisch-Lutherische Kirche Deutschlands (Hrsg.), Unser Glaube © 2013, Gütersloher Verlagshaus, Gütersloh, in der Verlagsgruppe Random House GmbH

128 Dorothee Sölle, Warum ich Gott so selten lobe. In: Sigrid und Horst Klaus Berg (Hrsg.), Warum ich Gott so selten lobe. Biblische Texte verfremdet, Band 5, München/Stuttgart 1987, S. 18

133 Paul Gerhardt, ELKG 105,5; EG 133,5

141 Johann Mühlmann, ELKG 344,7

146 Arno Pötzsch, Im Licht der Ewigkeit, Leinfelden-Echterdingen 2008, S. 235

147 Anna Thekla von Weling nach Samuel John Stone, EG 264,1; GL 482,1

164 Paul Gerhardt, ELKG 463,5

175 Martin Luther, These 62, Disputation zur Klärung der Kraft der Ablässe, übersetzt von Johannes Schilling und Günther Wartenberg unter Mitarbeit von Michael Beyer. In: Johannes Schilling (Hg.), Christusglaube und Rechtfertigung. Martin Luther, Lateinisch-Deutsche Studienausgabe Band 2, Leipzig 2006, S. 1–15

177 Benjamin Schmolck, ELKG 438,3

184 Martin Luther, Der Kleine Katechismus. 3. Artikel. In: Vereinigte Evangelisch-Lutherische Kirche Deutschlands (Hrsg.), Unser Glaube © 2013, Gütersloher Verlagshaus, Gütersloh, in der Verlagsgruppe Random House GmbH

192 Dietrich Bonhoeffer Werke, © Gütersloher Verlagshaus, Gütersloh, in der Verlagsgruppe Random House GmbH, München, Band 6, S. 30

196 Martin Luther, Der Kleine Katechismus. Vaterunser. Die 4. Bitte. In: Vereinigte Evangelisch-Lutherische Kirche Deutschlands (Hrsg.), Unser Glaube © 2013, Gütersloher Verlagshaus, Gütersloh, in der Verlagsgruppe Random House GmbH

207 Johann Matthäus Meyfart, ELKG 320,5; EG 150,5; GL 553,3

210 Martin Luther, Die Augsburger Konfession. Der 21. Artikel. In: Vereinigte Evangelisch-Lutherische Kirche Deutschlands (Hrsg.), Unser Glaube. Die Bekenntnisschriften der evangelisch-lutherischen Kirche. Ausgabe für die Gemeinde, S. 65

210 Heinrich Theobald Schrenk, ELKG 446,1

222 Martin Luther zugeschrieben

224 Johann Walter, ELKG 390,8; EG 145,6

224 Dietrich Bonhoeffer Werke, © Gütersloher Verlagshaus, Gütersloh, in der Verlagsgruppe Random House GmbH, München, Band 8, Seite 435f

# Bibelstellenregister